LES MŒURS

DE NOTRE TEMPS

PARIS. — IMP. SIMON RAÇON ET COMP., RUE D'ERFURTH, 1.

LES MOEURS

DE NOTRE TEMPS

PAR

ARNOULD FREMY

PARIS

LIBRAIRIE NOUVELLE

BOULEVARD DES ITALIENS, 15

—

A. BOURDILLIAT ET Cⁱᵉ, ÉDITEURS

—

La traduction et la reproduction sont réservées

—

1861

LES MOEURS

DE NOTRE TEMPS

CHAPITRE PREMIER

DES MŒURS EN GÉNÉRAL

I

Qui suis-je pour écrire un livre pareil? Rien; et c'est pour cela sans doute que j'ai eu l'idée bizarre de l'entreprendre.

Beaucoup de gens s'étonneront peut-être qu'un homme qui n'est ni membre de l'Académie des sciences morales et politiques, ni économiste, ni magistrat, ni haut fonctionnaire, ni philosophe gouvernemental; qui n'est affilié à aucune coterie politique, scientifique ou littéraire, pas même rédacteur des feuilles quotidiennes ou périodiques influentes, se permette d'écrire sur les mœurs de son temps.

C'est en effet une idée assez étrange! — Dans tous les cas, nous dit-on, pourquoi dérouter le public et lui donner autre chose que ce qu'il attend de vous? Est-ce que les écrivains actuels ne sont pas tous classés, étiquetés absolument comme des arbres fruitiers? N'est-il pas convenu que chaque esprit ne doit porter que des fruits de telle ou telle sorte?

Et puis, pourquoi un livre quand personne n'en lit plus? Il n'y a plus en France que les fous qui font des livres ou même qui en lisent.

Ces considérations-là et beaucoup d'autres n'ont pas arrêté l'auteur. Il s'est figuré avoir en main quelques vérités qu'il était utile d'éparpiller. Il aurait beau protester qu'il n'a pas eu d'autre but que celui-là, personne ne voudrait le croire. Le mieux est donc de couper court aux préambules et d'entrer tout de suite en matière.

II

Sommes-nous, oui ou non, en siècle de décadence?

Beaucoup d'esprits se posent tous les jours cette question-là et sont pour l'affirmative; ils s'abandonnent au pessimisme social et désespèrent de leur temps.

De telles dispositions sont injustes et souvent dangereuses ; elles engendrent l'ennui, ce grand et éternel fléau des temps modernes. A la rigueur, les classes supérieures peuvent se permettre l'ennui, mais il ne faudrait pas qu'il s'étendit jusqu'à la masse. L'ennui des peuples est autrement grave que celui des riches et des désœuvrés.

Déclarons-le dès à présent pour que cette idée-là nous soutienne dans tout ce que nous aurons à dire : — Non, nous ne sommes pas un siècle de décadence, ou bien, si nous le sommes, c'est que nous le voulons bien, c'est que nous nous laissons entraîner en arrière par certaines traditions, certains préjugés dont il ne tient qu'à nous de nous affranchir.

Une décadence n'est jamais qu'une chaîne artificielle qu'un temps s'est forgée à lui-même ; donc il l'a faite, donc il peut la briser.

III

On ne s'est guère occupé jusqu'à présent des mœurs en particulier ; les quelques traités de morale que nous a légués l'antiquité renferment surtout des maximes générales sur la vertu, le devoir, le juste, l'injuste, l'honnête, etc., et presque toujours au point de vue exclusif de l'aristocratie et du patriciat.

Les modernes ne sont guère plus riches : peut-on

appeler un ouvrage sur les mœurs le livre de Duclos, intitulé : *Considérations sur les mœurs de ce siècle,* production vide et banale, où il n'est guère question des mœurs et où l'auteur débute par une épître dédicatoire dans laquelle il appelle Louis XV *le roi vertueux?*

Si les anciens n'ont pas laissé d'ouvrages spéciaux sur les mœurs, ce n'est pas l'envie qui leur a manqué sans doute, mais la liberté. Ils ont bien senti l'importance des mœurs, ils ont noté assez souvent dans leurs écrits leur influence sur la politique, le gouvernement, les lois.

Nous aussi nous la connaissons bien cette influence; ce qui ne nous empêche pas de demander tous les jours à la politique et aux gouvernements autre chose que ce que nous sommes en droit d'en attendre. Sauf un petit nombre d'exceptions, de régimes particulièrement égoïstes, oppressifs, antihumains et antisociaux, un gouvernement, quel qu'il soit, est bien plutôt un effet qu'une cause.

Généralement, les mœurs le dominent : ainsi, demander un gouvernement démocratique à un temps dont les mœurs seraient restées monarchiques et aristocratiques, ce serait demander à des œufs de crocodiles de faire éclore des pigeons.

Les gens d'aujourd'hui qui ont lancé le fameux axiome : « On n'a jamais que les gouvernements qu'on mérite » ne sont pas toujours très-conséquents avec leur idée. Ils imputent à une certaine politique, contre

laquelle ils se butent, des nécessités, des abus et des
maux qui tiennent surtout à un certain ordre de choses
dont ils sont les complices à leur insu, peut-être même
les premiers auteurs. Ils ressemblent aux enfants qui
veulent battre les verges qu'ils se sont attirées.

Ainsi, les mœurs contemporaines ne sont pas une
étude précisément oiseuse ni frivole. On s'étonne même
que les penseurs contemporains accrédités n'aient pas
songé jusqu'ici à s'en occuper. On ne peut cependant
pas rester toujours attaché aux cimes de la morale officielle ni de la philosophie académique ; il faut bien se
décider à être un peu de son temps.

IV

Oui, certes, nous sommes un siècle de décadence, si
nous voulons nous mettre constamment en parallèle avec
la passé. Ainsi, dans la question des grands hommes,
il est clair que nous sommes battus d'avance. Si on
prend isolément les principaux types sociaux, tels que
l'homme de guerre, l'homme d'État, le prêtre, le philosophe, le poëte, l'artiste, le savant, etc., et que l'on
considère ce qu'ils ont été autrefois et ce qu'ils sont
aujourd'hui parmi nous, on ne peut nier que la comparaison ne soit toute à notre désavantage.

Trouvez donc chez les modernes les équivalents des
Homère, des Alexandre, des Aristote, des Platon, des

Phidias, des Archimède ; et même pour ce qui est de notre antiquité française, des Descartes, des Pascal, des Corneille, des Bossuet, des Voltaire ! Les grands hommes du temps présent ont toujours l'air d'être les diminutifs des grands hommes d'autrefois ; mais il faut savoir si nous devons accepter la lutte sur ce terrain-là.

Supposons que la plupart de ces grands emplois soient sinon effacés, du moins modifiés considérablement par suite des vicissitudes des événements et des mœurs, faudrait-il s'étonner si ceux qui les remplissent actuellement sont inférieurs à leurs devanciers ? Ils ont peut-être autant de mérite, seulement les circonstances ont changé.

Ces abaissements relatifs ne prouvent pas que la dose générale de talent et d'intelligence ait diminué ; elle n'a fait que se répartir différemment.

Nous ne sommes réellement en décadence que lorsque nous nous obstinons à jouer des rôles qui ne sont plus les nôtres et dont le moule est brisé. Mais pourquoi les jouer ?... ceci est l'affaire des préjugés et des superstitions de notre âge.

V

Il nous faut dès à présent dire un mot des révolutions.

Ceux qui en sont encore à se déchaîner contre elles, à les honnir avec rage, à se demander en se signant comment elles ont pu même exister, feraient tout aussi bien de tempêter contre les variations de la température, les changements de l'atmosphère, l'influence des saisons, tout ce qui se transforme et se modifie dans ce monde.

Quoi de plus révolutionnaire que le globe sur lequel nous vivons, puisqu'il s'agite et bouillonne sans cesse à l'intérieur?

Que de malentendus pourtant on aurait pu éviter, de ridicules terreurs, de récriminations stériles, de vains réquisitoires contre des passés évanouis à tout jamais, rien qu'avec la suppression d'une seule consonne, en se décidant à dire une fois pour toutes *évolution* au lieu de *révolution!*

Les évolutions sont dans le ciel, dans le climat, les lois de la nature, pourquoi pas aussi dans les lois des sociétés? Il n'est nullement question ici, bien entendu, de proposer sérieusement l'adoption d'un tel terme ; ce serait donner trop beau jeu aux coryphées d'une certaine publicité essentiellement facétieuse et conservatrice. A la moindre velléité de mouvement, de secousse, est-ce une évolution ou une révolution?... Vous devinez le reste...

Tenons-nous-en donc jusqu'à nouvel ordre au mot de révolution, et disons, au risque de n'être pas compris par les gens de mauvais vouloir, que les révolutions sont souvent aussi essentielles à l'homme que l'air qu'il respire.

Les peuples sans révolutions d'aucune espèce sont

des peuples morts, sans ressorts, sans existence. Aucune société, quelle qu'elle soit, n'a jamais dit son dernier mot.

VI

Toutefois, il faut avouer que les révolutions ont eu assez peu de succès jusqu'à présent. On n'a vu que leurs inconvénients, leurs violences, sans vouloir leur tenir compte de leurs bienfaits.

La guerre au contraire a toujours été très-populaire. Il lui a été permis presque à toutes les époques de faire couler des fleuves de sang, d'occasionner d'immenses boucheries, sans que personne ait trouvé le plus petit mot à dire. La guerre est encore à l'heure qu'il est l'enfant gâté de l'humanité ; la révolution est sa bête noire.

Au fond, ce sont deux extrémités qui se valent ; il y a même beaucoup plus d'hommes qui ont fait de la guerre pour la guerre qu'il n'y en a eu qui ont fait de la révolution pour la révolution. On ne les juge pas moins très-inégalement.

Ainsi, prenons pour exemple la révolution de 89 ; ceux même qui l'approuvent dans son principe, qui la trouvent souverainement équitable et nécessaire, ne lui pardonneront jamais d'avoir abouti à 93. Ils aiment mieux croire qu'elle s'est volontairement transformée tout d'un coup en ogresse plutôt que d'admettre pour elle le cas de légitime défense. La guerre verse le sang, mais il est convenu que les révolutions le boivent.

Du reste, il faut reconnaitre que la plupart des révolutions tombent sur le monde un peu à la façon brutale des avalanches. Elles représentent des masses d'abus, des monceaux d'anomalies, d'iniquités, que l'on a laissé s'accumuler pendant des siècles. Quand l'avalanche se déchaîne, on est effrayé, et on n'a pas tort. Mais comment prévenir les révolutions d'explosion? Par la révolution partielle, pratique, celle des habitudes et des mœurs.

VII

Que sommes-nous, en définitive, si nous ne sommes pas un temps démocratique? Quel autre terme employer pour caractériser le temps où nous vivons?

Depuis 89, le principe démocratique s'est établi partout, et tout ce qu'on a entrepris pour le contre-carrer, le fausser, n'a servi qu'à le consolider sur sa base. Toutefois, entre la démocratie décrétée et la démocratie appliquée il y a loin. Un régime nouveau ne s'introduit pas dans un pays voué pendant des siècles au régime contraire sans beaucoup d'oscillations.

Il peut se faire que les idées, même les institutions d'un peuple, soient démocratiques, et que ses habitudes, ses goûts, ses penchants, restent monarchiques et aristocratiques quand même. De là sans doute bien des causes de malentendu, de malaise ; de là aussi un autre terme que l'on emploie quelquefois pour indiquer le caractère de notre temps.

Après avoir dit que nous étions au siècle de décadence, on dit volontiers que nous sommes au siècle *de transition*.

IX

Il n'y a pas plus de siècles de transition qu'il n'y a de siècles de décadence, ou bien, s'il en existe, c'est à l'histoire à les proclamer et non aux contemporains.

Que signifient ces mots de langueur, d'affaissement, qu'on laisse se glisser si aisément dans le langage ordinaire, et par suite dans les idées? A force de dire qu'on est malade, il est certain qu'on finit par le devenir.

Qu'est-ce qu'un siècle? C'est nous tous après tout, c'est la collection de nos idées, de nos volontés, de nos forces matérielles et morales réunies dans un but commun, qui est le bien-être, la vérité, la liberté pour tous. Un siècle, quoi qu'on en dise, ne se tire pas au hasard comme un bon ou mauvais numéro à la grande loterie des événements de l'histoire.

Un siècle se fait, se constitue avec des éléments qui sont en grande partie dans ses mains. Il ne peut guère se juger lui-même en bien ni en mal; il est rarement dans le secret de ses grandeurs ou de ses affaissements.

Cela est si vrai, que les siècles qui se sont proclamés

grands de leur autorité privée, qui le sont même devenus à force de catafalques et de panégyriques qu'ils se sont fait décerner par leurs poëtes, leurs orateurs, leurs historiographes officiels, ont bien pu jusqu'à un certain point s'imposer à la postérité et lui faire illusion; mais à mesure que les temps avancent, que l'histoire s'éclaire et que l'esprit humain s'affranchit des préjugés monarchiques; on les voit diminuer graduellement, se réduire à des proportions bien moindres que celles qu'ils s'étaient eux-mêmes attribuées.

De même un siècle qui se croit petit pourrait fort bien être grand, et beaucoup plus grand que d'autres dans l'avenir.

Du reste, n'oublions pas que ces bruits de découragement viennent surtout des déceptions des partis qui désespèrent de tout lorsqu'ils désespèrent d'eux-mêmes. Cela voudrait-il dire par hasard que l'heure des partis a sonné? Un parti, quel qu'il soit, ne représente généralement qu'un échantillon, un fragment du passé.

X

Peut-être se posera-t-on aussi la question suivante : — Les mœurs se forment-elles au hasard, ou bien sont-elles l'œuvre d'influences morales déterminées qu'il appartient presque toujours à une société de faire naître elle-même?

Demander si les mœurs se forment, c'est demander si l'homme est un être éducable, susceptible d'être perfectionné. Eh quoi ! nous aurions le pouvoir d'apprivoiser les animaux qui nous entourent, de changer leurs instincts, de modifier complétement leur tempérament, leurs habitudes, et nous ne pourrions pas influer sur nos propres mœurs?

Souvent, lorsqu'on veut connaître le caractère d'un pays, on croit devoir remonter jusqu'aux éléments primitifs de la langue, de la race, du territoire. Ce sont là des recherches savantes, parfois utiles, mais que nous devons nous interdire, pour beaucoup de raisons que l'on devine. Nous ne devons voir ici que le présent.

Nous laisserons aussi la politique de côté autant que possible : elle a son domaine à part et ne représente guère que le côté officiel, peut-être même superficiel des mœurs.

La politique est beaucoup, mais ce n'est pas tout ; notre temps s'y est souvent trop absorbé. A côté d'elle, il y a la religion, les arts, la littérature, les journaux, les théâtres, les distractions, les habitudes sociales, autant de choses distinctes qui ont leur sphère propre et qu'on aurait tort de croire entièrement subordonnées à la grande machine publique et gouvernante.

Tout cela mérite d'être examiné avec quelque détail, si l'on veut arriver à se rendre compte des mœurs de son temps.

CHAPITRE II

I

Rien n'est mieux fait pour nous jeter dans le découragement et le dégoût de nous-mêmes que cette pensée du manque de religion qui nous poursuit sans cesse.

— Affreux temps que le nôtre ! s'écrie-t-on par moments ; on ne croit plus à rien, on ne sait plus prier, s'agenouiller ; on n'a plus de religion.

Quand cela serait, faudrait-il en conclure que nous sommes un temps plus dépravé, plus mauvais que d'autres qui ont eu ou qui ont été censés avoir de la religion ? Ceci est une question qui vaut la peine qu'on s'y arrête.

Avoir de la religion, est un mot assez vague et sur lequel on ne s'entend pas toujours. Ainsi, on a vu et on voit tous les jours encore des êtres corrompus, immoraux, fréquenter les églises, s'adonner à toutes les pratiques du culte. Ce ne sont pas même des hypocrites, ce sont des consciences fausses, élastiques, qui s'arrangent pour concilier leurs penchants vicieux avec les habitudes du bigotisme.

Un siècle qui compterait un grand nombre de ces dévots de convention ne serait pas pour cela un siècle religieux. Les gens qui ont le plus de zèle, et si on peut dire d'amour-propre pour le succès extérieur du culte, ne vont pas sans doute jusqu'à souhaiter que les églises soient peuplées de fidèles apocryphes.

Les vrais chrétiens sont unanimes sur ce point-là ; mieux vaut un franc libertin, un franc athée, qu'un homme affichant des pratiques religieuses mensongères.

La communion de Voltaire dans sa petite église de Ferney nous a toujours paru un des actes inexplicables de la vie du grand homme. Si le siècle de Voltaire exigeait cela, tant pis pour le siècle de Voltaire !

II

On n'appellera pas sans doute avoir de la religion se prosterner, marmoter des prières au hasard et sans aucune intelligence, exécuter les devoirs du chrétien machinalement et sans le secours de l'âme.

Le paysan qui va à la messe comme ses bœufs vont

au labourage peut-il être considéré comme un être religieux ?

Prier est un des actes intérieurs sans contredit les plus délicats, les plus raffinés, les plus réellement intellectuels et sublimes que l'homme puisse accomplir. Il n'y a pour ainsi dire pas de véritable prière dans le langage humain : c'est plutôt avec les lèvres de l'âme qu'avec celles du corps que l'on communique avec Dieu.

Loin de nous la pensée de critiquer en rien les oraisons de la liturgie, mais il faut bien reconnaître pourtant que, malgré leur haute portée de piété et de morale, elles n'échappent pas toujours à une certaine influence d'indifférence et de routine comme tout ce qui devient une habitude fixe dans la vie.

Les gens éclairés qui se contentent de réciter leurs prières sans y penser ne sauraient dire qu'ils prient sérieusement ; à plus forte raison les gens non éduqués qui ne vont guère au delà de la lettre. Une prière qui ne vient pas de l'âme et de l'esprit est plutôt affaire de bigotisme que de véritable religion.

La diminution du camp des bigots dans un siècle, loin d'être une décadence, serait donc plutôt un sujet de progrès moral et même religieux.

Douter, a-t-on dit, c'est le commencement de la sagesse ; ne pas prier plutôt que de mal prier, c'est le commencement de toute religion.

III

Le malheur est que nous n'avons pas encore su prendre de parti décisif et tranché à l'égard de la pratique religieuse ; ce qui fait souvent paraître nos mœurs beaucoup plus fausses et même plus irréligieuses qu'elles ne le sont réellement.

Ainsi, pour ce qui est du foyer domestique, de la famille, il est convenu dans un grand nombre d'intérieurs que la femme va à la messe et que le mari n'y va pas. Pourquoi cette divergence de conduite? Les habitudes d'église sont-elles bonnes ou mauvaises? Comment ce qui est bon pour la femme peut-il être mauvais pour le mari? Ceci paraît un détail de peu d'importance, et est cependant un des plus graves problèmes de l'existence actuelle.

Tous les jours des hommes intelligents et très-considérés vous disent d'un ton de bonhomie : — Chez moi, va à la messe qui veut ; je laisse chacun faire à sa guise...

C'est là un principe excellent, sans doute, au point de vue de la liberté individuelle; mais comment le concilier avec le rôle moral si prépondérant que la religion a été appelée à jouer jusqu'ici dans le monde?

D'autres vous disent : — Je suis religieux, mais *je ne pratique pas.*

Qu'entendez-vous par là? Vous êtes donc un insouciant, un inconsistant, ou même, tranchons le mot, un lâche? Eh quoi! vous admettez la religion et vous refusez son service! Autant vaut dire que vous aimez votre pays à la condition de ne jamais le servir ni le défendre.

Quoi de plus singulier et même de plus dangereux que cet état ambigu de nos mœurs qui s'en vont flottant sans cesse entre la religion et l'indifférence, entre la piété officielle et l'impiété officieuse?

L'Église est absolue, et elle a bien raison : elle demande qu'on l'adopte ou qu'on la rejette franchement. Elle s'étonne à juste titre que le père de famille lui envoie sa femme, ses enfants, ses domestiques, et se tienne séparé d'elle. Une telle contradiction fait du tort non pas seulement à la religion, mais aussi aux sentiments, aux devoirs, à la morale tout entière.

IV

Osera-t-on dire : — La religion *est un frein*, comme on l'a dit du travail? Ou bien encore comme certaines personnes : — Ne vaut-il pas mieux, après tout, que les prolétaires, les salariés, les gens à gages fréquentent les églises que les cabarets et les barrières?

Singulier rôle, en vérité, que celui d'une religion qui se bornerait à être le dérivatif matériel des pas-

sions sensuelles et brutales de la basse classe! La religion chrétienne a toujours eu, grâce au ciel, une autre
mission que celle-là.

Elle ne reçoit pas seulement dans son sein les
humbles et les pauvres pour les parquer autour de ses
chaires et de ses chapelles au bénéfice de la sécurité des
classes riches ; elle songe avant tout à les éclairer, à
émanciper leur âme et leur esprit, à les rapprocher,
autant que possible, du Dieu de lumière et de vérité,
dont le malheur et l'ignorance de leur condition les
séparent trop souvent.

Mais supposons que la religion consente à être
un frein, comme on le dit ; du jour où les petites
gens s'apercevraient qu'elle n'est plus pour les classes
supérieures qu'une question non de conscience, mais
de pure tactique sociale, n'est-il pas à craindre qu'ils
ne la rejettent, ne refusent ses bienfaits moraux
comme les présents des ennemis ? Outre la tendance
générale du siècle à s'affranchir du joug religieux, il y
aura en eux la révolte particulière de la dépendance et
du prolétariat.

L'Église ne cesse de crier depuis bien longtemps
déjà que si la classe éclairée l'abandonne, si on prétend la réduire aux fonctions de garde-malade, de
catéchiste, de distributrice d'aumônes, même de
consolatrice des mourants, nobles fonctions, sublimes parfois, mais qui ne dépassent guère la couche inférieure de la société ; c'est fait d'elle ; elle ne

peut que voir diminuer graduellement son influence.

Une religion purement subalterne et prolétaire ces-
serait bien vite d'être une religion.

V

Sans vouloir pousser les choses à l'extrême ni décourager aucune espèce d'illusions ni d'espérances,
nous pouvons bien avouer, en considérant seulement la
réalité extérieure de nos mœurs, que nous ne sommes
plus un siècle religieux à la façon de nos pères.

Que sommes-nous donc alors ? La religion viendrait
à nous manquer tout à fait, tomberions-nous pour cela
brusquement, comme le disent certains déclamateurs,
dans le gouffre des instincts brutaux, dans le culte absolu de la matière ? Verrait-on disparaître entièrement
du monde les principes d'humanité, d'équité, d'honnêteté, de dévouement, d'abnégation, de charité, toutes
les croyances qui représentent les bases morales et
positives des sociétés modernes ?

Tout cela nous arriverait sans doute, si nous restions
dans cet état d'ambiguïté religieuse où nous sommes
depuis trop d'années.

Nous feignons de croire que l'Église remplit toujours
son office moral, et nous savons bien le contraire,
puisque nous lui avons ôté une grande partie de notre
confiance. Nous livrons au prêtre le soin des âmes les

plus chères, celles de la femme, des enfants; et nous évitons d'avoir avec lui aucun rapport direct.

A ce compte-là, il vaudrait presque mieux que chacun se vît contraint de faire par lui-même les saintes affaires de la famille et du foyer.

Si nous n'étions décidément plus religieux, il nous faudrait redevenir... quoi? Faut-il transcrire le mot, au risque d'exciter la risée, les dédains de nos fanatiques modernes?... Nous serions bien forcés d'être *philosophes* comme l'étaient nos pères d'il y a cent ans...

Raillez, déclamez, glosez là-dessus tant que vous voudrez, le fait n'en est pas moins inévitable.

VI

Oui, la pratique religieuse nous manquerait, comme elle manque dans une foule de cas; il nous faudrait bien nous écrier avec le vieil Érasme : — Saint Socrate, saint Platon, saint Voltaire, saint Jean-Jacques, priez pour nous!

Viennent les philosophes, les vrais, bien entendu, ceux qui justifient ce titre-là par leurs idées et leur pratique, et certes ils seront les bienvenus parmi nous, s'il est vrai que nous soyons destinés à devenir bientôt un monde d'Héliogabales, une génération de débauchés et de matérialistes du Bas-Empire! Les philosophes seront notre salut.

— Ils n'ont pas sauvé l'empire romain! dit-on. D'abord, l'empire romain pouvait-il être sauvé? Et puis, ne s'était-il pas confié aux académiciens, aux rhéteurs, aux philosophes d'école et de métier, à ceux qui devaient précisément hâter sa chute?

Les gens qui croient aujourd'hui devoir aller à l'église par devoir de position, *pour donner le bon exemple*, comme ils disent, représentent une variété particulière de tartufes mesquinement bourgeois dont il n'y a guère à s'occuper.

Ne confondons pas avec eux les hommes intelligents et souvent très-religieux au fond de l'âme, qui croient nonobstant devoir s'abstenir de l'église.

Ils ont sans doute leurs raisons pour agir ainsi : que ne les disent-ils? Pourquoi n'expliquent-ils pas hautement comment ils concilient dans leurs pensées l'abstention des pratiques religieuses avec les devoirs du père de famille et du vrai citoyen? Le siècle est assez mûr, les idées et les mœurs assez avancées pour comporter ce degré de franchise-là.

VII

Comme la question religieuse encore si ardue, hérissée de tant de malentendus et de difficultés se simplifierait, s'épurerait même, si on consentait à reconnaître que le rôle du catholicisme est aujourd'hui plus souvent historique et traditionnel que contemporain!

Est-ce une façon de le rabaisser? loin de là! Qui songe à contester ses mérites et ses grandeurs? L'humanité serait bien ingrate, si elle ne reconnaissait pas que, même encore à présent, elle lui doit le plus pur de son essence morale.

C'est ce fond précieux qu'il s'agit de défendre à tout prix contre les retours de paganisme dont nous sommes menacés sans cesse. Mais pour cela, que de choses à sacrifier, ou plutôt que de choses se sont sacrifiées elles-mêmes!

Tout se modifie, tout se transforme ici-bas, même les religions, qui subissent aussi la loi du progrès et ne sauraient la nier ou s'y soustraire sans fausser elles-mêmes leur esprit.

Sans vouloir remonter ici jusqu'à l'organisation primitive du catholicisme, sans rechercher s'il a eu tort ou raison de se faire, dans son principe, pouvoir temporel en même temps que pouvoir spirituel, ou doit reconnaître que l'idée d'une monarchie universelle des consciences ne pouvait guère dans tous les cas s'appliquer qu'à des époques encore peu avancés, plongées dans la superstition et l'ignorance.

A mesure que les esprits ont grandi, ils ont dû revendiquer une des libertés les plus impérieuses de ce monde, la liberté de conscience.

Du reste, le parti catholique a pu se convaincre lui-même de l'utopie de son monopole, quand il a voulu l'appliquer par la violence. Il lui a fallu, lui, le représentant par excellence de la persuasion, de la charité, de la mansuétude, proscrire, massacrer, brûler, tortu- rer. Aujourd'hui, il injurie et calomnie encore de temps à autre, faute de mieux.

VIII

Le rôle du prêtre moderne peut à la rigueur se mo- difier et se réduire sans que le niveau des mœurs s'a- baisse pour cela.

Diminuez le nombre des pécheurs, des simples d'esprit, des pauvres, des libertins, des dépravés en tout genre, il est clair que la mission du prêtre se res- treint d'autant.

Le rôle du prêtre a, comme celui du soldat, un côté transitoire qu'il faut admettre au nom des faits et de la raison. Du jour où il n'y aura plus de guerre, le soldat n'existera plus.

De même, qu'il n'y ait plus demain de péchés dans le monde, il est clair que le prêtre a beaucoup moins à faire. Nous n'en sommes malheureusement pas encore là, mais pourquoi désespérer d'y arriver?

IX

Mais il est bien question vraiment de rechercher si nous avons plus ou moins de religion et de foi; il s'agit

de savoir si nous aurons encore des idées, des sentiments, des principes, des préoccupations intellectuelles
quelconques, autre chose dans la tête et dans le cœur
que l'argent, la banque, la bourse, la réalisation immédiate de bénéfices et de jouissances au comptant et à
bureau ouvert.

Aussi, quand le parti catholique ne voit dans les
mœurs présentes que sa propre cause mise en question, il montre bien de la confiance! Il crie contre les
impies, les athées; où sont-ils donc dans le monde où
nous vivons? Discuter Dieu, c'est encore une manière de
compter avec lui. D'un athée d'autrefois, nous ferions
presque un petit saint dans le milieu actuel.

Ce que nous voyons avant tout et partout, ce sont
des hommes de chiffres et d'argent, des agioteurs, des
entrepreneurs, des spéculateurs à perte de vue, bonnes
gens du reste, très-accommodants, qui ne demandent
pas mieux qu'il y ait une religion, pourvu qu'ils
n'aient nullement à s'en inquiéter, qu'ils n'en éprouvent
aucune gêne dans leurs plaisirs ni dans leurs affaires.

Ah! certes, ceux-là ne vous réfuteront pas, ne vous
attaqueront pas, croyants, apôtres de nos jours; mais
vous serez fins et habiles si vous pouvez jamais en faire
des chrétiens! Quant à nous, nous ne saurions en faire
même des philosophes. Au surplus, tout se tient dans
l'ordre des idées et des consciences : quand Platon est
menacé, Jésus-Christ est bien près de l'être aussi.

X

Faut-il tant s'étonner du reste que la religion ne tienne plus dans l'existence positive le rang qu'elle a eu autrefois? Quand on pense au peu de place que les affaires laissent aujourd'hui, même pour les simples devoirs de société; quand l'industrie modifie et réédifie tout, aplanit les Calvaire et les Golgotha, canalise les Jourdain; quand bientôt, on pourra faire le pèlerinage de Paris à Jérusalem en chemin de fer; rêver l'observation exacte des anciennes pratiques religieuses, les assiduités liturgiques, les longues heures passées dans les églises comme dans l'ancien temps, s'est vouloir que le siècle de la vapeur s'appelle le siècle des croisades.

Mais si la religion ne peut recouvrer son ancienne prééminence, on doit se dire qu'il y a à refaire non-seulement l'éducation tout entière, mais encore plusieurs parties essentielles de l'existence dans un sens convenu. Le mode philosophique doit être substitué franchement au mode religieux dans une infinité de détails.

Quant au parti catholique, il peut, à l'aide des moyens d'influence dont il dispose, réagir encore sur les mœurs pendant un certain temps, les faire reculer

en arrière; il est fort douteux qu'il arrive à les améliorer et surtout à les modifier à son profit.

Il ne peut plus guère engendrer que l'hypocrisie et
l'intolérance, bonnes à étouffer tous les principes d'humanité. Il ignore ou il fait semblant d'ignorer qu'il
agit sur une société profondément sceptique, fati-
guée, désabusée de tout, qui ne demande que des
prétextes pour n'avoir plus aucune espèce de rapports,
non pas même avec l'Église, mais avec Dieu.

Ne nous y trompons pas : l'indifférence en matière
de religion, c'est aujourd'hui pour nous l'indifférence
en matière d'idées, d'études, d'intelligence et de morale.

C'est en voulant que les mœurs soient ce qu'elles
ne peuvent plus être qu'on arriverait à les fausser tout
à fait. La religion a tenu une trop grande place dans
le passé pour chercher à remplir dans le présent un
office d'obscurantisme et de recul. Les esprits éclairés,
les consciences dignes et pures qui se rattachent à son
principe, n'admettront jamais qu'elle puisse accepter
ce rôle-là.

CHAPITRE III

LA GUERRE

———

I

Nous avons dit déjà que nos découragements, nos plaintes perpétuelles de notre siècle et de nous-mêmes venaient en grande partie de l'ennui, ce grand typhus de la civilisation moderne qui va souvent chercher des remèdes désespérés jusque dans les révolutions.

La civilisation procure le repos, le bien-être, la prospérité matérielle, mais souvent aussi, elle supprime en même temps certaines préoccupations qui ont contribué à donner le mouvement et la vie à des temps barbares ou moins avancés que les nôtres, et que nous nous surprenons parfois à regretter nos heures de désœuvrement et de somnolence.

Il est certain que si la guerre et la religion, ces deux stimulants si puissants du genre humain, venaient décidément à nous manquer, il y aurait bien du vide dans plus d'une existence.

La guerre! Qui est-ce qui ne s'est pas plus ou moins enivré de ce mot là? Qui est-ce qui ne l'a pas mainte fois caressé, bercé dans les plis de sa jeune imagination?

Comment la guerre n'aurait-elle pas un grand attrait pour nous? Le grand homme par excellence, celui qu'on nous propose comme modèle pendant toutes nos premières années, celui que nous entendons célébrer au collége par toutes les voix réunies de l'histoire, de l'éloquence, de la poésie, n'est-ce pas l'homme de guerre! toujours l'homme de guerre?

Les Achille, les Hector, les Manlius, les Scipion, les Annibal, sont pour ainsi dire les premiers instituteurs de notre enfance. Ces fameuses *Vies de Plutarque*, que sont-elles, sinon une suite de réclames aux vieux guerriers?

Une société qui se serait habituée à puiser dans la guerre toutes ses ressources de vitalité et d'enthousiasme éprouverait une véritable déception si elle en était sevrée tout d'un coup. Tout paraît bien fade, prosaïque et décoloré à côté des grandes émotions des batailles.

II

Soyons justes pourtant : on ne peut pas, sous prétexte de nous distraire et de nous électriser, nous inventer des guerres et des siéges de ville à tout propos.

Nous sommes bien moins religieux que n'étaient nos aïeux, peut-être sommes-nous destinés à devenir dans un temps donné bien moins militaires.

Non pas que la fibre belliqueuse nous manque en France; nous l'avons toujours, grâce à Dieu ; et certes, nous savons le prouver brillamment à l'occasion dans tous les temps ; soit dit sans chauvinisme aucun ! Mais, quant à des émotions guerrières à long terme, aux expéditions romanesques, épiques, qui durent des demi-siècles, et mettent le monde tout entier à l'envers, il n'y faut plus guère compter. Nous devons tâcher d'apprendre à être heureux, vivaces et même chevaleresques à notre façon, sans ces grandes excitations-là.

III

On a reconnu depuis longtemps déjà qu'il y avait dans l'histoire bien peu de guerres réellement politiques et raisonnables. Beaucoup s'engagent pour des motifs assez frivoles et dont on rougit quand elles sont finies ; ce sont généralement les plus longues. La passion les a fait naître et les pousse jusqu'aux dernières extrémités.

On a bien raison de dire que la guerre est un art; dans le passé, combien de guerres d'artistes et de purs fantaisistes !

S'entretuer de temps à autre est un besoin impé-

rieux pour l'homme; c'est d'abord un passe-temps qui
varie sa destinée, et puis une façon de se prouver à
lui-même la supériorité de son espèce.

Les animaux sauvages, les ours, les lions, les tigres
et les panthères ont beau réclamer de temps en temps
et demander pourquoi on leur a fait une si détestable
réputation de férocité, eux qui ne se s'entretuent pas,
ne se mangent jamais les uns les autres; l'humanité les
laisse dire et n'en continue pas moins à se battre toutes
les fois qu'elle en trouve l'occasion.

IV

> Mais de son ire éteindre le salpêtre,
> Savoir se vaincre, et réprimer les flots
> De son orgueil, c'est ce que j'appelle être
> Grand par-soi-même, et voilà mon héros.

On peut objecter au poëte qu'on n'est pas du tout
un héros pour *avoir éteint le salpêtre de son ire et
réprimé les flots de son orgueil;* on est dans ce cas-là un
bon bourgeois pacifique, modéré, correct, orné de qualités précieuses dans la vie privée, mais qui, à coup
sûr, n'ont rien d'héroïque.

On a essayé plusieurs fois de fabriquer des héros
avec des vertus civiques, de la moralité pratique, du
désintéressement, de la charité et de la philanthropie;

on n'est arrivé à rien qu'à créer des types vertueux ridicules, si jamais la vertu pouvait être ridiculisée.

Il n'y a rien de moins grand homme que l'honnête homme qui ne demande qu'à faire le bien sans que personne s'occupe de lui, et en restant toujours enfermé dans sa coque. Ce n'est pas lui qu'on songera jamais à encadrer dans l'action d'une épopée.

Pour créer des héros, il n'y a encore rien tel que la guerre. Les actes de courage et de dévouement isolés, si grands, si sublimes qu'ils soient, ne vaudront jamais les champs de bataille où chaque coup de canon répond à un coup de trompette de la renommée.

Vouloir qu'un temps qui manque de guerre produise des héros, c'est méconnaître absolument l'esprit même de ce temps et les lois générales de l'humanité.

Certaines bonnes gens s'écrient quelquefois : — Notre siècle qui ne produit plus de héros, quelle décadence ! — Quel progrès au contraire ! devraient-ils dire.

V

Il est reconnu que rien n'attire la guerre comme de croire à la paix universelle. Après que l'abbé de Saint-Pierre a eu publié son célèbre *projet*, qui devait établir partout la concorde, on s'est battu plus que jamais.

Sans donc vouloir prophétiser, et en faisant la part

aussi large que possible dans l'avenir aux éventualités
militaires, on peut dire que la guerre n'est plus ce
qu'elle a été jadis. Les duels sont beaucoup plus rares
aujourd'hui qu'ils n'étaient il y a seulement un siècle;
pourquoi la guerre n'en viendrait-elle pas là?

Cette terrible carte de l'Europe si souvent taillée,
distribuée, refaite de tant de façons diverses, arrivera
peut-être un jour à trouver une bonne géographie définitive et pacifique. Elle reconnaîtra elle-même qu'elle
est hérissée d'un bout à l'autre de tant de travaux
d'art, de tunnels, de chemins de fer, d'utiles constructions industrielles, que lancer des obus et des boulets
de canon à travers tout cela serait un meurtre, à part
même la question d'humanité.

A égalité de civilisation entre les peuples, il est difficile que les guerres aient beaucoup de durée. On comprend les campagnes des civilisés contre les barbares;
c'est la lutte des idées contre l'ignorance. Mais quand
ce sont les idées mêmes qui échangent des balles
entre elles, des têtes pensantes qui risquent de fou-
droyer d'autres têtes pensantes, la question de la
guerre se trouve considérablement modifiée.

Que dirait-on d'un champ de bataille moderne où
l'on retrouverait le lendemain parmi les morts Cuvier,
Gœthe, Chateaubriand, Berzelius, Byron, Kant, Lamen-
nais, Schiller, Béranger? etc. N'est-il pas vrai que devant un tel bulletin, la guerre recevrait décidément
le coup mortel?

Si les guerres européennes cessaient tout à fait, resteraient les guerres arabes, indiennes, syriennes, chinoises, australiennes, les campagnes transatlantiques; mais celles-là sont d'un tout autre caractère; ce sont des guerres de nécessité et de raison, et non plus d'enthousiasme et d'héroïsme.

VI

Par quoi donc remplacer la guerre, diront les gens d'humeur batailleuse, incapables de paix et de repos?

Peut-être par de grands carrousels européens, où chaque peuple se ferait représenter par des paladins et des champions de son choix.

Peut-être aussi pourrait-on peupler les principales forêts de France, d'Allemagne, de Russie, d'éléphants, de tigres et de lions, qui donneraient lieu à de grandes chasses spécialement consacrées aux petits-fils des Artus, des Roland, des Rodomont, à tous les Cids qui tiennent absolument aujourd'hui à dégaîner.

Les amis de la guerre quand même ne peuvent exiger qu'on leur fournisse des ennemis à combattre lorsqu'il n'y en a pas.

Il faut donc s'attendre à ce que dans un temps donné, les nations de cette vieille Europe auront trouvé le moyen de vider leurs différends autrement qu'en s'envoyant à la tête les unes des autres des tronçons de leurs populations mutuelles converties en chair à canon.

Encore une fois, ceci ne désarme personne, ni n'empêche la croissance d'aucun laurier futur; mais il est bon de tout prévoir.

On conviendra qu'il y aurait un inconvénient réel pour les mœurs d'un pays à s'intituler et se maintenir plus militaires que de raison, et à conserver des appétits de guerre que l'esprit du siècle ne comporterait plus.

VII

La conduite privée peut, du reste, servir ici de guide pour la conduite publique.

Que fait l'homme de cinquante ans lorsqu'il comprend que la saison des amours est passée pour lui? S'il a du bon sens, il replie franchement les voiles de ses illusions amoureuses, il donne un autre cours à ses idées, il emploie autrement qu'en sujets de tendresses et de galanteries ce qu'il peut avoir encore de séve et d'ardeur.

De même l'homme de guerre : s'il reconnaît que son temps est passé; il s'arrange pour ne pas conserver quand même son imagination l'arme au bras.

Ne vaut-il pas mieux qu'il se résigne à vivre un peu de cette vie de tout le monde, qui n'est peut-être pas aussi profondément fade et froide que se l'imaginent

les âmes en proie au fanatisme belliqueux? Il lui reste
à prendre rang parmi ses pauvres concitoyens qui sont
condamnés à vivre humblement, prosaïquement, sans
titres, sans grades, sans épaulettes, sans bruits de trom-
pettes, sans expéditions lointaines, réduits, en véritables *pékins*, à broyer la glèbe du travail ou à hacher des
idées dans le champ de l'intelligence.

La plupart des grandes campagnes, les belles, les
enivrantes, sont faites et ne peuvent plus se refaire; à
moins de tomber dans de tristes plagiats, de ridicules et
sanglants rabâchages, que même les plus enfiévrés de
guerres et d'expéditions ne sauraient souhaiter sérieusement.

VIII

Il y a bien assez de reproches réels à adresser à
nos mœurs actuelles, sans leur en chercher encore
d'imaginaires. Lors donc qu'on les accuse de n'être ni
héroïques ni chevaleresques, il faut d'abord constater
que c'est notre temps qui ne l'est pas.

Ce n'est pas une raison, toutefois, sous prétexte que
l'héroïsme nous manque pour nous jeter de parti pris
dans l'adoration exclusive de l'intérêt et de la matière,
pour exagérer par notre manière d'être particulière
la tendance générale du siècle.

Ce n'est pas non plus en chantant sans fin l'idylle

de la paix, comme le font certaines personnes ; en cé-
lébrant sur les pipeaux de l'agriculture les douceurs du
repos et du bien être, les bienfaits de l'industrie, de
l'agriculture, du progrès matériel, qu'on pourra donner le change à ces passions nobles et belliqueuses qui
ont battu pendant si longtemps dans la poitrine du
genre humain.

Au lieu de chanter la paix à tout propos, ce qui est
parfois une façon certaine d'en dégoûter les hommes,
il vaudrait bien mieux tâcher de la poétiser, de la *dé-
matérialiser* : l'idéalisme moderne est à découvrir en
grande partie.

IX

Notre siècle n'est assurément pas d'humeur san-
glante, mais il a des besoins d'activité et d'imagination
qu'il faut absolument qu'il satisfasse.

Donnez-lui donc une paix un peu animée et généreuse et qui ne soit pas ce qu'elle a été trop souvent,
une immobilité plate et monotone, et il est bien probable qu'il s'y fera ; il aspire même après elle beaucoup
plus sérieusement qu'on ne croit.

Les guerres d'ennui sont les seules vraiment à
craindre pour l'avenir. Le moyen de les conjurer est
de faire que la scène du monde ne soit plus exclusivement occupée par quelques grands acteurs qui se sont

appelés dans le passé de grands généraux, des conqué-
rants, d'*heureux téméraires*, a dit Boileau en plein
siècle de Louis XIV.

Si la masse en est encore aujourd'hui à aimer la
guerre pour la guerre, ce ne peut être que faute de lumières et d'éducation suffisante.

CHAPITRE IV

I

Grande question que celle des aristocraties, terrible pour la politique, terrible aussi pour les mœurs !

Il est difficile que non-seulement un peuple, mais même un individu quelconque, puisse être fixé sur sa ligne de conduite morale et sociale, s'il n'a pas un parti pris sur cette question-là, s'il n'opte franchement dans la vie entre le mode aristocratique et le mode égalitaire.

Ceci ne veut pas dire pourtant que lorsqu'on est né dans une certaine condition opposée à l'égalité, il faille en changer brusquement, sous prétexte qu'on est un partisan du principe égalitaire. Il s'agit du fond des choses, et non des exceptions sociales.

Du reste, on serait bien souvent trompé si on jugeait les inclinations et les opinions des individus sur cette matière d'après les dehors de leur existence.

Ne voit-on pas tous les jours parmi les aristocrates de tradition et de naissance des démocrates aussi radicaux que possible, de même dans les rangs des démocrates on rencontre des aristocrates raffinés?

Ceci prouve qu'à part les principes, il y a les nuances des conditions et des individualités. Que le régime égalitaire le plus absolu vienne à s'établir demain, il faudra toujours qu'il s'arrange pour respecter les variétés d'humeurs, de caractères, et une foule de classifications établies.

Quoi qu'il arrive, il est hors de doute que tout le genre humain ne sera jamais coulé dans le même moule; mais là n'est pas la question.

II

Que l'homme naisse aristocrate, c'est-à-dire avec le besoin de commander et de se faire obéir par autrui, cela paraît à peu près certain.

Beaucoup d'enfants viennent au monde à l'état de petits despotes; ils font de l'arbitraire même avec le sein de leur nourrice.

Il n'est donc pas extraordinaire que les sociétés aient

commencé par adopter la forme aristocratique comme la plus simple et en même temps la plus conforme aux instincts primitifs de la nature humaine.

Quoi de plus commode en effet que de décréter en principe qu'une certaine classe d'élite aura mission de mener et de gouverner toutes les autres au nom des priviléges réunis de la naissance, de la bravoure, de la richesse, de l'intelligence, de la beauté, etc.

La société aristocratique n'a eu qu'un seul défaut, ça a été de supprimer, à peu de chose près, les trois quarts et demi du genre humain.

L'antiquité, en instituant les esclaves, espèce d'humanité intermédiaire entre l'homme et la brute, n'avait reculé devant aucune des conséquences de son principe.

Aristote, le sage Aristote, ne craint pas d'appeler dans sa *Politique* les ouvriers des *instruments vivants*, les esclaves des *propriétés vivantes*. Il assimile ces derniers aux animaux privés, avec lesquels il les compare sous le rapport des services matériels qu'on est en droit d'en attendre. Il conclut en disant que l'exercice de la vertu est incompatible avec la condition de manœuvre et d'artisan.

On n'est étonné que d'une chose, c'est qu'une société établie sur de telles bases morales ait pu subsister aussi longtemps.

III

Si les aristocraties sont indispensables au progrès
et même au maintien de l'ordre social, comme le
pensent encore à présent certains esprits, il faut avouer
que l'humanité suit un singulier chemin depuis dix-huit
siècles, depuis l'Évangile qui est venu proclamer l'égalité devant Dieu, jusqu'à la Révolution de 89, qui a
proclamé l'égalité devant la loi.

Les aristocraties sont comme les religions ; une fois
détruites, il est bien difficile de les reconstruire.

Aristote a beau déclarer que la nature a créé certains êtres pour commander et d'autres pour obéir,
encore faut-il que le vœu de la majorité sanctionne cet
arrangement là. D'ailleurs, quels seront les comman-
dants, quels seront les commandés ? Qui est-ce qui fera
la classification, le triage ? Là commencent les difficultés.

Le monde moderne ne fait que marcher incessamment vers l'égalité ; ceux qui douteraient de ce fait-là
n'ont qu'à considérer nos constitutions et nos codes.
L'égalité est inscrite au frontispice ; il est donc impossible qu'elle ne cherche pas à s'introduire progressivement dans les mœurs.

Nous n'avons plus en réalité qu'une seule classe
sociale, depuis le Code civil ; toutes les cloisons ont été

détruites, tous les priviléges abolis, chacun est sur le
même plan ; quelles sortes d'aristocraties pouvons-
nous donc maintenir ?

IV

Remarquons en passant que les gens qui voudraient
mettre aujourd'hui la liberté en la sauvegarde de l'ancien régime ne semblent guère la comprendre, tout en
confessant son principe.

— Si pourtant, nous disent-ils parfois, vous aviez encore les trois anciennes castes d'élite, les parlements,
le clergé, la noblesse, vous auriez au moins certains
moyens d'opposition, des contre-poids d'autorité qui
deviendraient pour la liberté des palladium salutaires.

La liberté est une et indivisible ; elle aime mieux
s'ajourner que de s'appuyer sur le privilége, qui ne sera
jamais pour elle qu'un auxiliaire équivoque et dangereux. S'il élève la voix en sa faveur, soyez sûr qu'il y
va de ses intérêts privés.

La Révolution de 89 ne s'y est pas trompée, lorsqu'elle
a balayé d'un même coup toutes les aristocraties sans
exception. Elle ne s'est pas amusée à aller chercher,
comme on l'a fait de notre temps, quelques vestiges
d'indépendance, quelques filons de libéralisme égarés
dans les époques féodales.

Elle a compris que la liberté n'aurait jamais de point

d'appui sérieux dans telle ou telle caste, mais seulement dans la masse, qu'il s'agissait avant tout d'initier à ses lumières et d'intéresser à ses progrès.

Éclairez la masse, rendez-la civilisée et politique comme vous l'êtes vous-mêmes, alors seulement la liberté vivra.

V

— Qu'est-ce que la liberté? demande l'homme du peuple à l'homme d'intelligence et de parole.

— Mon ami, c'est le droit de parler et d'écrire librement...

— Soit! répond l'homme du peuple; mais comme je ne sais ni lire, ni écrire, ni parler, trouvez bon que je ne me montre pas très-affamé de ce droit-là...

Alors, il faut lui expliquer que ce droit que l'on revendique, c'est pour lui, c'est à son bénéfice, c'est pour créer tout exprès pour lui un monde nouveau où il aura nécessairement la plus belle place, tous les priviléges, toutes les jouissances, retomber enfin dans les fleurs de rhétorique sentimentales et socialistes de 48, non moins dangereuses dans leur genre que les maximes rétrogrades des aristocrates.

VI

Il semble que depuis qu'on a détruit toutes les vieilles prérogatives officielles et légales, le démon de l'inégalité ait fait chaque jour dans nos mœurs de nouveaux progrès par tous les chemins détournés de l'amour-propre, de l'ambition, de la gloriole. C'est à qui se guindera, se haussera au-dessus de sa condition naturelle.

On se jette avec plus d'acharnement que jamais sur les titres, les insignes extérieurs, les parchemins, les croix, les postes de faveur, sans compter toutes les morgues, jactances, prétentions inouïes qu'étalent les nouvelles fortunes.

Cette curée des amours-propres et des ambitions modernes donne beau jeu sans doute aux anciennes aristocraties.

— C'était bien la peine, disent-elles, de nous détruire, pour faire pire que nous! Les abus que nous représentions étaient du moins concentrés dans une seule classe, mais vous, vous les avez multipliés, éparpillés à l'infini. Au lieu d'une seule aristocratie, vous vous en êtes donné cent aussi choquantes pour le moins, aussi insupportables que la nôtre.

L'ancien temps aurait peut-être le droit de s'exprimer de la sorte, si ce que nous voyons était le dernier mot de la société nouvelle ; mais celle-ci, toute irrésolue et découragée d'elle-même qu'elle est par moments, est fort loin assurément de lui donner gain de cause.

VII

Il faut, si on veut démêler un peu la question, distinguer deux sortes d'aristocraties ; les aristocraties politiques et sociales, celles dont la nuit du 4 août a fait justice ; et puis, les aristocraties matérielles ou naturelles, celles qui viennent de l'argent, la *ploutocratie*, comme ont dit les anciens, et dont nous nous occuperons dans le chapitre suivant ; ou bien encore celles qui viennent de la constitution physique ou morale des individus.

Les aristocraties politiques étaient faciles à détruire ; il a suffi pour cela de quelques décrets ; mais il n'en est pas de même des autres qui offrent une résistance infiniment plus sérieuse.

D'un individu borné, inepte, ou, qui pis est, peut-être laid, répulsif, mal bâti, faites donc un être intelligent, spirituel, gracieux, bien fait, agréable à contempler !

De là, l'éternelle thèse des partisans de l'égalité : — Est-ce que les hommes naissent égaux en beauté, en grâces, en esprit, en qualités morales ou physiques ? Comment donc rêver l'égalité dans ce monde ?

Ce qui revient ici à dire : — Donc la nature a créé

des inégalités, donc il faut que l'homme les consacre et les aggrave par ses conventions et ses préjugés.

Tous les jours encore, ne rencontrons-nous pas des individus très-honnêtes, très-sensés en apparence et qui nous disent très-sérieusement : « Pour moi, un ouvrier, un salarié, un paysan n'est pas un homme... » Certes on peut aller loin avec des doctrines pareilles !

Quoi qu'en disent les Anglais, *la loi* ne suffit pas toujours à tout.

Une société qui aurait voté l'égalité civile et politique, et qui s'arrêterait là, en arriverait bien vite à regretter son ancienne forme, peut-être même à y retomber à son insu, si elle n'allait pas jusqu'à l'égalité humaine, qui est la consécration forcée de la première.

VIII

Prenons parmi les aristocraties matérielles une des plus populaires, des plus accessibles à l'appréciation de la masse, la beauté extérieure.

Certes, on ne dira pas qu'un homme laid, physiquement antipathique, soit dans ce monde l'égal d'un homme beau ; que la tâche sociale du laid ne soit pas infiniment plus lourde et plus difficile que celle de l'individu charmant, qui n'a, comme on dit, *qu'à se montrer pour plaire*.

La plupart des qualités les plus heureuses, même des

verlus, ne sont-elles pas inscrites en traits préalables
sur une belle figure : bonté, loyauté, dévouement, franchise, abandon, humeur ouverte et facile, tout cela,
grâce à telles lignes du visage, à un nez disposé de telle
ou telle façon, à des yeux plus ou moins illuminés, à
une bouche plus ou moins fine, gracieuse, engageante ?

Sur un laid visage, au contraire, tous les défauts,
tous les travers, souvent même tous les vices : acrimonie, défiance, jalousie, dissimulation, humeur
agressive, duplicité ; heureux même si avec les tendances phrénologiques de notre temps, on ne va pas
jusqu'à la perversité, la dépravation, le crime !

Quelle histoire à la fois bouffonne et lamentable on
ferait avec le résumé de toutes les grandes choses de ce
monde qui ont été paralysées complétement par un visage laid ou ridicule ! Que de nobles élans étouffés, de
conceptions supérieures intimidées, éteintes, de belles
âmes faites pour exciter l'admiration ; qui n'ont jamais
jeté que quelques lueurs indécises et craintives, grâce
à cette circonstance d'un masque grotesque, qui les a
constamment livrées en pâture à la moquerie brutale
d'une multitude incapable d'en appeler à l'examen moral de l'impression du premier coup d'œil !

IX

Esprits forts ou gens superficiels (deux extrêmes qui
se touchent souvent), riez tant qu'il vous plaira de ce

détail de notre condition et de nos mœurs ; déclarez-le
futile, indifférent, indigne de l'attention du philosophe ; il n'en a pas moins une importance essentielle
dans les rapports de la vie privée et même publique.

Pourquoi donc nous faire plus parfaits en humanité
et en raison que nous ne sommes réellement? La vérité est que nous en sommes encore à juger les gens en
partie sur le physique.

Ils ont bien plus de portée que nous ne pensons, ces
mots que nous employons sans cesse dans la conversation : *beaux traits*, *belle figure*, *jolie tête*, *joli caractère*, *charmant garçon*.

Charmant garçon se dit avant tout de la beauté extérieure de l'individu ; le laid n'y arrivera jamais, eût-
il le génie d'un dieu, le cœur d'un ange.

Mais que sera-ce donc de cet empire de l'extérieur,
si nous passons d'un sexe à un autre, si le stimulant
de la passion et des sens, le charme même de la femme
vient s'ajouter à l'attrait du physique en général?

On prétend que le *bel homme* s'en va dans les âges
modernes; il nous semble qu'il ne se presse guère ;
mais, en attendant, ce qui est certain, c'est que nous
vivons encore entièrement *sous l'empire des belles*; et
c'est là souvent un servage bien autrement grave et
compromettant que tous ceux qu'a brisés 89.

X

N'oublions pas surtout que les anciens avaient fait de la beauté extérieure un moyen de religion, de gouvernement et d'aristocratie. Leur art, qui est devenu pour nous une affaire de dilettantisme archaïque et traditionnel, était avant tout une politique, un culte.

Ils n'ont pas hésité à mettre la beauté du corps au niveau des plus hautes qualités de l'âme, pour en faire la consécration de la noblesse, de la classe prééminente et privilégiée. « La nature a fait le corps de l'homme libre, différent de celui de l'esclave. » (Aristote, *Politique*, liv. I, ch. cxvii).

Fidèles à leurs prémisses, les anciens ont rayé nettement la laideur du programme de leur société. Les enfants difformes, on les exposait ou on les jetait dans les barathres dans la plupart des républiques de la Grèce; cela valait mieux peut-être que de les laisser vivre pour les bafouer, les tuer à coups d'épingle, à l'aide de la répulsion et du sarcasme.

Nous, chrétiens, nous ne tuons plus les enfants difformes, nous les élevons; mais comprenons-nous bien quelle immense responsabilité nous asssumons ainsi sur nous ? Il ne s'agit de rien moins, sachons-le bien, que de réparer par la civilisation et l'humanité l'erreur du coup de crayon de la nature.

XI

Nous sommes bien fiers d'avoir conquis l'*égalité civique*, comme nous disons sans cesse, et en attendant, nous rampons comme des esclaves devant la domination de la chair et de la forme. Passe à la rigueur pour la beauté contemporaine, mais celle d'il y a trois mille ans ! Dire que nous nous croyons encore tenus envers elle à toutes sortes d'hommages et de tendresses! Voyez ce que sont pour nous même à présent les Vénus, les Calipso, les Galatée, les Hélène?

Aucun professeur de lycée a-t-il jamais songé à faire ressortir aux yeux de ses écoliers combien était odieuse cette déplorable Hélène, qui a fait couler tant de sang et égorger pour ses beaux yeux, pendant dix ans consécutifs, ses parents, époux, frères, beaux-frères, sous les remparts de Troie?

Loin de là ! Hélène jouit toujours d'une très-brillante réputation dans les colléges et même en dehors des colléges.

Et quand on pense qu'elle ose se vanter, dans la tragédie antique, d'être *de la race des dieux!* — On t'en donnera de la race des dieux, misérable coquine, cause de tant de tueries et de deuil !

Si on prétend qu'il faut respecter jusqu'à un certain point les conventions de la poésie, que dira-t-on de l'histoire et de ce fameux nez de Cléopàtre, qui a bouleversé le monde, ensanglanté l'univers, et dont nous sommes encore aujourd'hui très-humbles serviteurs?

XII

Nous décidons-nous, oui ou non, à considérer enfin la beauté comme un pur accident de la nature, plus funeste peut-être que réellement profitable au genre humain?

Réprouvons-nous comme éminemment immoral et antisocial le vers de Virgile :

Gratior et pulchro veniens in corpore virtus

Eh quoi! voici la vertu qui acquiert plus de lustre et de prix de ce qu'elle se trouve logée dans un beau corps !

Un beau corps, n'est-ce pas ce qui engendre dans ce monde la fatuité, la coquetterie des deux sexes, le sot orgueil, la prostitution, et d'autres vices plus honteux encore qui ont fait expier si chèrement aux mœurs des anciens leur fanatisme pour le beau matériel?

Rompons-nous avec cette qualification du *beau* généralisée et appliquée aussi bien à une belle bouche, à une belle paire d'yeux qu'une belle action, une belle âme, enfin, avec la théorie tout entière des artistes, des philosophes et des métaphysiciens grecs, qui ont été pour la plupart, comme on sait, les complices des aristocraties?

Nous dégageons-nous, une fois pour toutes, des préjugés de l'*esthétique*, inventés par ces braves Allemands, dans un accès d'hallucination philhellénique; l'esthétique, science laborieuse et ténébreuse, chargée de tant de formules oiseuses et de vaines définitions, et qui au fond n'aboutit à rien ou à bien peu de chose?

Enfin, sommes-nous chrétiens, sommes-nous païens? C'est une question que nous sommes en droit de nous poser à tous les instants.

Nous sommes chrétiens, sans aucun doute, en principe et en droit; mais dans nos goûts, nos penchants, tout le cours de notre vie pratique, que de paganisme, grand Dieu! et quand donc en serons-nous tout à fait quittes?

XIII

Les aristocraties de l'extérieur, du corps, des positions, des vanités, auxquelles nous sommes encore assujettis maintenant, ne valent guère mieux que les aristocraties de privilége et de naissance. Le point de départ est différent, mais les résultats sont à peu près les mêmes. Il s'agit toujours de la domination de l'espèce par l'individu, de la majorité par l'exception.

Les inégalités corporelles ne peuvent être supprimées

d'une façon absolue sans doute, mais on ne sait pas jusqu'à quel point elles pourraient être modifiées et combattues par les effets combinés de l'éducation, du raisonnement, de l'humanité.

Dans tous les cas, il est inutile d'aggraver leur ascendant du fétichisme aristocratique et païen qui jure si étrangement avec la base égalitaire de notre forme sociale moderne.

Révolutions, réformes, changements, correctifs moraux et sociaux, tout cela aboutit toujours à la vieille lutte de l'âme contre la matière, qui est, comme on sait, l'inégalité par excellence. Cette lutte se poursuit depuis le commencement du monde et représente le problème tout entier du perfectionnement humain.

Nous retrouverons du reste la question de la beauté physique aux chapitres des femmes et des beaux-arts. Quant à présent, nous avançons seulement ceci : c'est que les gens qui se croient beaux et qui crient en même temps le plus fort en faveur de l'égalité seraient désolés d'obtenir demain, non pas même l'égalité de la laideur, mais celle de la médiocrité de la figure, de l'indifférence des traits, qui mettrait subitement tous les corps et tous les visages humains sur un niveau commun.

L'homme de notre temps est essentiellement démocratique et égalitaire, mais à la condition de conserver toujours, autant que possible, le pied, la main, le profil, la tournure, l'épiderme de l'ancien gentilhomme.

CHAPITRE V

L'ARISTOCRATIE BOURGEOISE

I

L'aristocratie de privilége et de tradition a donc été remplacée, de nos jours, par l'aristocratie de l'argent, qui a pris son essor depuis le commencement du siècle.

Nous avons supprimé l'ancien noble; nous l'avons trouvé irritant, abusif, insoutenable, avec sa constante volonté de tout dominer, de tout éclipser; nous l'avons remplacé par l'enrichi, le parvenu de la spéculation et de la finance.

Toutefois, l'enrichi de notre temps vit encore en grande partie sur l'ancien noble; il le contrefait, le singe dans une foule de détails.

Ainsi, nous reprochions à la gentilhommerie de nous avoir éclaboussés pendant des siècles, et, à peine en avons-nous été débarrassés, que nous n'avons eu rien de plus pressé que de monter dans ses carrosses, afin d'éclabousser les autres à notre tour.

II

C'est un progrès sans doute que le monde des biens et des priviléges d'ici-bas soit devenu une sorte de mât de cocagne universel, où chacun peut tenter de se hisser et de grimper, en raison de ses facultés ou de sa chance. Toutefois, on s'abuserait singulièrement si l'on croyait que ceux qui restent en bas ne sont pas habituellement jaloux de ceux qui se trouvent en haut.

Il faut même dire que plus les inégalités dé condition et de fortune se rapprochent de notre sphère et plus elles nous semblent choquantes. C'est ce qui fait que les masses se rapprochent toujours d'instinct plutôt des monarchies que des aristocraties.

Les aristocraties, surtout pour peu qu'elles aient quelques affinités avec le peuple, ont bien plus d'occasion de le froisser que les royautés ou les anciennes noblesses qui se trouvent séparées de lui par une distance considérable. Quand notre égal s'élève au-dessus de nous, il devient deux fois notre supérieur.

III

C'est pourquoi, lorsque l'enrichi d'à présent prononce ces phrases si connues qui reviennent sans cesse dans sa bouche comme un refrain : « Tel que vous me voyez, je suis arrivé à Paris en veste et en souliers ferrés; je suis le fils de mes œuvres; j'ai commencé par être simple ouvrier avant d'être millionnaire, etc., » ces choses-là, sous un air de bonhomie égalitaire, sont en réalité foncièrement aristocratiques.

En rappelant la modestie de son origine, le parvenu moderne ne fait qu'étaler la félicité toute chanceuse de son avénement. Son apparente humilité n'est qu'un calcul de vantardise.

IV

Comment se font les fortunes, comment elles s'improvisent, s'accumulent sous nos yeux avec cette rapidité prodigieuse qui fait si souvent l'étonnement du public? Ceci ne nous regarde en rien; c'est l'affaire des politiques et des économistes.

Cette grosse fortune, dont vous jouissez, nous ne doutons pas que vous ne l'ayez gagnée loyalement, intelligemment même, si vous voulez; les origines ne font rien à la chose, c'est l'emploi qu'il faut voir.

Or donc, en quelle monnaie courante d'idées, de goût, de distractions relevées, de loisirs nobles et généreux pensez-vous convertir cet amas d'argent que le hasard ou votre mérite personnel vous a mis dans les mains? Ici commence la revendication des mœurs.

Une société fraîchement épanouie aux pompes et aux splendeurs du monde, composée en grande partie de grands seigneurs d'hier, destinés à remplacer à l'improviste les grands seigneurs de plusieurs siècles, se trouve nécessairement aux prises avec plus d'une difficulté dans l'organisation de la vie pratique : ainsi, les rapports avec les inférieurs, le train de maison, les réceptions, les relations sociales, l'emploi non pas seulement matériel, mais moral aussi, d'une fortune qui devient une sorte de *ferme*, dont on doit plus ou moins compte au public.

Tous ces détails-là ne sauraient être livrés, quoiqu'on en dise, purement et simplement *au laissez faire, laissez passer.*

La critique, bien entendu, ne porte atteinte à la liberté de personne. Libre à vous de vivre comme bon vous semble, mais libre à nous de vous juger.

V

Tout ce qui joue ici-bas un rôle factice et vaniteux, tout ce qui se gourme, s'exhausse, se gonfle, oublie, dans la vie ordinaire, la sainte pratique de l'égalité ; toutes les prétentions, emphases, pédanteries contemporaines, qui tendent à se substituer à l'ancienne morgue nobiliaire, tout cela peut être rangé sous la dénomination commune de *bourgeoisisme*.

On ne saurait limiter le bourgeoisisme seulement au monde financier, qui en a toutefois sa bonne part ; il touche aussi, par plus d'un point, à la magistrature, au barreau, au notariat, à la haute industrie, au haut enseignement, à la science, même à un certain côté des arts, de la littérature, du théâtre.

Il s'étend jusqu'au peuple, et y pénètre plus avant qu'on ne pense. Le peuple reste, il est vrai, très-souvent naturel et simple dans son existence, mais c'est plutôt chez lui instinct, nécessité de condition, qu'affaire de raison et de conscience.

Aussitôt qu'il a l'occasion de monter sur des échasses sociales quelconques et de déserter ses propres rangs, il n'y manque guère. Ce sont les exceptions, chez lui, qui savent se tenir dans leur sphère ; la masse est généralement éprise d'élévation et de hiérarchie.

Aussi, vouloir prendre modèle de l'égalité sur le peuple, tel qu'il est constitué maintenant, c'est agir de mauvaise foi et compromettre insidieusement l'esprit avec la lettre.

Le peuple est bien plutôt niveleur qu'égalitaire ; il s'exprime mal en fait d'égalité et la comprend presque toujours à rebours ; mais ceci n'attaque en rien le principe même.

VI

La bourgeoisie aristocratique fait du luxe aujourd'hui et elle est parfaitement dans son droit, comme elle dit elle-même dans son langage naïf et satisfait : — *Ses moyens le lui permettent.*

Pourtant, comprend-elle toujours bien que le luxe est, sans en avoir l'air, toute une science, tout un art qui demande un long apprentissage, beaucoup de discernement, de tact et de goût.

Le problème du luxe, comme, au reste, de tous les priviléges de ce monde, c'est le bonheur individuel de celui qui le possède. Or, aujourd'hui plus que jamais, on peut faire beaucoup de dépense et de luxe et être, malgré cela, très-ennuyé, partant très-malheureux.

Il ne suffit pas pour mener une vie agréable, c'est-à-dire qui satisfasse un peu les sentiments et l'intelligence, d'avoir beaucoup de domestiques, des chevaux de pur sang dans son écurie, des carrosses du meilleur carrossier, la plus magnifique vaisselle, le plus riche mobilier ; on peut, malgré tout cela, avoir la vie la plus monotone, la plus maussade, et sans même oser en convenir, ce qui est le pire de tout.

Le premier tort du bourgeois enrichi d'à présent est cette envie constante de copier les allures et le train de l'ancienne noblesse, sans vouloir tenir compte de l'immense différence des temps et des mœurs.

Les nobles d'autrefois avaient leur hôtel ; il n'a pas de cesse qu'il n'ait pu dire, lui aussi, *mon hôtel*, et ne s'en soit fait bâtir un dans des proportions grandioses, sur un plan tout à fait princier.

Mais la question n'est pas de le bâtir, cet hôtel, il faut savoir le peupler : vous serez bien avancé lorsque vous vous trouverez tout seul, pour ainsi dire, dans votre grand salon si bien peint, si bien orné, si bien doré, mais qui sera bien vite ridicule, s'il reste à l'état de désert !

Alors, comme il n'y a plus guère maintenant d'intimité possible, grâce à l'absence complète d'idées et de sentiments, on est obligé, pour animer ces sépultures fastueuses, de faire appel à la foule, à la cohue, qui vient deux ou trois fois par hiver faire irruption dans les salons illuminés et dérouler ses immenses cohortes incohérentes et tumultueuses, à peu près comme dans un lieu public.

De là, ces raouts mortels, si malheureusement empruntés par nos mœurs à la vie anglaise, ces fêtes toutes de contrainte et d'étiquette, ces agglomérations sans nom de gens qui ne se connaissent pas, se heurtent, se coudoient, se parlent à peine ; ces insipides assauts de diamants, de toilettes, de rubans, de croix, qui ne se montrent et ne reluisent que dans un but d'étalage et d'ostentation.

C'est là surtout que l'on apprend à haïr le *monde*,

cette chose vague que nous n'avons pas même encore
su définir, là que l'on devient, malgré soi, sauvage,
insociable, misanthrope, quand on a subi pendant un
certain temps ces fastidieux défilés d'individus enru-
banés, de femmes empanachées, et que l'on se demande
en rentrant chez soi ce qu'on a vu, senti, appris ; ce
qu'il reste de tout cela, non pas même pour le cœur et
la raison, mais pour l'agrément et le plaisir.

VII

On retrouve cette tendance aristocratique et rétrograde de nos mœurs jusque dans les moindres traits
de nos habitudes et de nos modes journalières.

Ainsi, pour ne citer qu'un détail, est-il rien de plus
inexplicable, de plus inconciliable avec notre manière
d'être toute positive et pratique, que cette fureur des
modes-régence, qui s'est impatronisée au milieu de
nous ?

Eût-on jamais cru qu'un siècle fils de la Révolution,
qui semblait entièrement brouillé avec l'ancien régime,
qui l'a pour ainsi dire saccagé, dispersé, jeté aux vents
tout entier, irait, soixante ans après, s'amouracher de
la *Régence*, c'est-à-dire de l'ancien régime incarné, au
point de lui reprendre ses meubles, ses colifichets, ses
ornements, ses moindres fantaisies ?

Ainsi, ces gros industriels qui se vantent tous d'être

venus à Paris *en blouse et en sabots*, ne sont jamais si heureux que lorsqu'ils peuvent avoir un *hôtel-régence*, un *mobilier-régence*, un *salon-régence*. S'ils pouvaient dire : mes *écuries-régence*, ma *sellerie-régence*, ma *basse-cour-régence*, mon *potager-régence*, ils seraient aux anges !

Essayez-donc de faire prendre aujourd'hui des mobiliers, je ne dis pas montagnards ou jacobins, mais seulement 89, vous verrez si vous réussissez !

Comment se fait-il que nous n'ayons pas ncore repris la poudre, ce ridicule travestissement de la chevelure humaine, ce signe si caractéristique d'un temps de décadence profonde et de corruption efféminée? Si nous n'avons pas repris la poudre pour notre compte, par un reste de pudeur et de respect humain, du moins l'avons-nous rendue aux domestiques de haut parage, aussi bien que le fard.

Des domestiques poudrés et fardés en plein dix-neuvième siècle, après la prise de la Bastille et le serment du Jeu de Paume ! O nos arrière-neveux, qu'est-ce que vous direz de nous !

VIII

En avons-nous assez usé, du reste, et abusé de cette bienheureuse et sempiternelle poudre dans le monde artificiel du roman, du théâtre, de l'aquarelle, de la

petite peinture, de la petite musique, de tout ce dont
nous raffolons, de tout ce qui représente le côté élé-
gant et raffiné de nos mœurs !

Nous ne sommes jamais si heureux que lorsque
nous entendons dire dans une comédie, un proverbe
quelconque, — Monsieur le duc, madame la duchesse,
monsieur le marquis, madame la marquise... Dans la
vie ordinaire, nous jouons constamment au marquis et
au duc, sans nous en douter.

C'était bien la peine, en vérité, de rompre si brusquement avec l'ancien temps, pour lui témoigner tant
d'engouement par la suite, le reprendre pièce à pièce
dans tous les détails de nos habitudes !

IX

Le bourgeois aristocratique tient à pouvoir dire
mon hôtel; il faut nécessairement aussi qu'il puisse dire
mon château.

Le château est, ainsi que l'hôtel, un amas de pierres
inertes qu'il faut savoir animer et vivifier, si on veut
en tirer un parti quelconque.

Mais si vous l'habitez tout seul, votre château, ou
bien en compagnie de quelques imbéciles, de quelques
misérables pique-assiettes ramassés au hasard, sans
idées, sans initiative aucune, vous y serez bien vite le
plus malheureux des êtres.

La vie de château est tout un fragment de l'ancienne société que nous cherchons à ressusciter, après avoir rasé tous les vieux châteaux, génération illogique et puérile que nous sommes !

La manie du château a engendré la gloriole de la campagne, répandue même dans la plus petite bourgeoisie, et qui n'a pas peu contribué à briser partout les relations sociales, à semer dans tous les rangs l'aristocratie de l'isolement et de l'ennui.

Si encore on se retirait à la campagne dans un but de contemplation et de recueillement, pour jouir du spectacle de la nature et du ciel ; mais jamais époque ne fut moins contemplative que la nôtre.

Ce goût de la campagne, qui commence aujourd'hui au castel gothique du richard et va jusqu'au chalet en sapin verni du petit marchand retiré, est, avant tout, quand il ne cache pas un but de parcimonie et de lésine, affaire de parade et de vanité de parvenu. On aime à avoir l'air de vivre sur ses terres, toujours pour singer la noblesse. On ne peut plus dire : *mes paysans, mes vassaux;* on aime à pouvoir dire : *mon garde, mon fermier, mon jardinier.*

Qu'y fait-on généralement dans ces campagnes tant prônées ? On y baguenaude le plus souvent de la façon la plus insipide ; on y passe son temps en vétilles, en une foule de commérages malsains, autour de la table du salon ou sur la terrasse, en visites sans fin à la basse-cour, aux arbres fruitiers du jardin, que l'on sait par cœur; on se convertit le plus possible en bêche en râteau, en ligne à pêcher, en arrosoir, en machine, en brute; c'est le *far-niente* le plus monotone, le plus vide.

On respire peut-être mieux qu'à Paris, mais en revanche, on y pense beaucoup moins; nulle activité morale, nul ressort, nul emploi de l'intelligence et de l'âme; rien de plus matérialiste que la campagne moderne.

X

Quelle est en résumé la grande prérogative, la grande jouissance du luxe contemporain? Manger, manger et toujours manger. Triste résultat pour un temps qu succède à des siècles si intelligents, si vraiment délicats et lettrés !

Le dîner a tout remplacé :-la causerie d'autrefois. la discussion vive et spirituelle. Nous en sommes à regretter parfois la bonne vieille chanson des diners de nos aïeux, qui au moins jetterait de la diversité et un certain liant au milieu de nos solennelles mangeailles si profondément égoïstes, où l'on ne dit mot, où chacun dévore pour son propre compte, où les conversations les plus réelles ont lieu avec les domestiques qui vous offrent les plats et les vins.

Autrefois, quand vous vous étiez assis ensemble à une même table, vous étiez amis en sortant; aujourd'hui, si vous n'êtes pas précisément ennemis, vous êtes plus indifférents que jamais.

4.

A peine le repas achevé, c'est à qui se dispersera, cherchera un prétexte pour disparaître à la hâte. Le salon reste vide; c'est tout au plus s'il y reste deux ou trois martyrs, victimes de l'ancienne courtoisie, qui sont bien vite très-embarrassés de leur contenance.

On ose encore manger, mais on n'ose plus digérer ensemble, tant est grande la pénurie de conversation et de ressources intellectuelles! On l'a dit, et il faut le répéter souvent : la France a encore des dîners, mais elle n'a plus d'après-dîners; or, sans un après-dîner, qu'est-ce que le plus beau repas du monde?

XI

La richesse moderne, avec ses installations grandioses, ses frais de table, de livrée, d'ameublements, de fleurs, son hospitalité d'excellent hôtel garni, a souvent, au milieu de tout son luxe, un fond particulier d'avarice qui contribue aussi à jeter bien du malaise et du froid dans les rapports de la vie.

Il n'est pas rare de voir des gens qui habitent de grands beaux châteaux, qui ont des parcs magnifiques, vendre eux-mêmes leurs fruits, leurs légumes, leurs volailles.

On cite aussi, toujours en suivant la même ligne sociale, toute une classe de gros bourgeois parisiens qui s'arrangent pour aller sans cesse au spectacle gratis, pour voyager en chemin de fer gratis, pour lire les livres, les brochures, les revues, les journaux gratis. Ces petitesses-là se trouvent associées parfois aujourd'hui à des fortunes de plusieurs millions !

Le bourgeois anglais, auquel il faut bien rendre justice dans ses bons côtés, est, pour le dire en passant, tout autrement large et généreux que le bourgeois français, à fortune et position égale. Il comprend que *fortune oblige* et que tout ce dont on jouit dans la vie il est bon de le payer.

Le Français, pris dans un certain milieu, a des mesquineries, des lésineries, qui feraient douter parfois qu'il appartient réellement à la nation du cœur, du sentiment, de la distinction par excellence.

Combien de gens ont toujours cinq ou six mille francs tout prêts pour un bal, des chevaux, une calèche nouvelle, et n'ont jamais le quart de la même somme à la disposition d'un ami !

XII

Ce même bourgeoisisme relevé s'étonne souvent de ne pas avoir *une société*, comme il dit.

Une société ne s'achète pas toute faite comme des harnais, un carrosse, de la vaisselle plate ; il ne suffit pas de la souhaiter, il faut la mériter, et encore ne l'a-t-on pas toujours quand on la mérite.

L'égalité est après tout l'unique base de toutes les relations humaines. Le grand arc de la richesse délicate et éclairée est de savoir s'effacer, se diminuer autant que possible devant les gens pauvres admis dans son intimité.

Les enrichis d'aujourd'hui sont-ils dans ces idées-là? On en peut douter quand on voit comment plusieurs d'entre eux entendent l'art des réceptions.

Est-il besoin de rappeler ce trait si connu d'un financier contemporain qui n'hésite pas à se faire servir à sa table un vin d'extra, réservé exclusivement à sa consommation personnelle, sous les yeux mêmes de ses convives, condamnés au nectar vulgaire? Il est toujours à craindre que l'*amphitryonisme* sans contre-poids intellectuel et moral n'arrive à ces monstruosités-là.

On cite dans les anciennes traditions cet usage de certains gentilshommes du vieux temps, qui ne manquaient pas de venir chez vous pour vous remercier quand vous aviez accepté à dîner chez eux.

Aujourd'hui, c'est tout le contraire qui se fait : quand vous avez dîné chez autrui, vous êtes tenu à ce qu'on appelle la *visite de digestion*; vous êtes dans l'obligation d'aller remercier en personne les gens qui vous ont nourri pour un jour de la victuaille qu'ils ont bien voulu vous offrir... Ah! fi! Les descendants des Sévigné et des la Rochefoucauld en être venus là !

Inviter les gens à dîner chez soi, cela s'appelle *faire des politesses*, toujours dans le langage caractéristique de cette même bourgeoisie : curieux langage, curieux usages, curieuse espèce!

XIII

Tout parvenu actuel rêve d'avoir son œil-de-bœuf, c'est-à-dire une clientèle de gens qui viennent le cultiver, le cajoler à jour fixe, mais à la condition qu'il n'en coûtera rien absolument à ses habitudes, à son sans-gêne, au sentiment de son importance individuelle.

Il n'hésite pas à vous dire d'un ton protecteur, toutes les fois qu'il vous rencontre :—« Venez donc me voir; on me trouve généralement à.l'hôtel tel jour, à telle heure... »

Les plus raffinés, ceux qui se piquent d'un certain savoir-vivre, vous disent : « J'irais bien vous voir, mais vous demeurez si loin ! » ou bien : « Vous demeurez si haut ! »

Il est convenu que la bourgeoisie *des arrivés* ne se dérange jamais pour les gens dont le revenu n'atteint pas un certain chiffre ou qui demeurent au-dessus d'un certain étage.

Elle exige des cartes de visite, mais elle n'en rend jamais.

On peut lui écrire, mais elle ne répond sous aucun prétexte aux lettres qu'on lui adresse.

Être riche, pour elle, veut dire vivre entièrement à sa guise, primer, trôner, faire sentir aux autres le poids de sa domination ; c'est tout un cours de politesse et de morale particulière à son usage.

XIV

Mais veut-on voir la fleur même du genre, c'est de considérer la grosse bourgeoisie de notre temps telle que l'ont faite les pompes improvisées des régimes nouveaux.

Le mari a encore malgré tout un reste de vieux bon sens qui le guide et l'éclaire parfois ; mais la femme, bien plus effervescente et ignorante d'ailleurs de toutes choses, ne connait plus rien une fois lancée à corps perdu dans la carrière de l'élégance et du grand ton.

Madame, a bien entendu, ses *lundi* ou ses *mardi*, un jour quelconque de la semaine où il est convenu *qu'elle est chez elle*, et où elle condamne quelques malheureuses victimes bien gantées, bien cravatées, à venir échanger autour de sa cheminée de ces banalités insoutenables qui sont l'unique fond de la visite moderne.

Toutes les fois qu'elle peut se draper en châtelaine, en héroïne de charité, en grande dame, qu'elle est heureuse et comme on voit qu'elle croit bien au personnage qu'elle joue !

Et puis, à travers tout son faste, les plus singuliers calculs de pot-au-feu, des dissertations sur le prix de la volaille, du beurre, du gibier, qui s'entament tout à coup et le plus souvent sous des lambris écrasants de dorures!

Elle arrive à raisonner de tout, à trancher sur tout. Elle vous parle de *ses amis* comme elle ferait de ses domestiques. Elle ne craint pas de classer ses convives et ses invités d'après la hiérarchie de ses appréciations personnelles, et Dieu sait ce qui en résulte! Le faquin doré occupe toujours nécessairement le plus bel appartement de son château ou la première place à sa table, tandis que l'homme de mérite et de cœur est infailliblement relégué aux derniers rangs.

Enfin, on aurait trop à faire s'il fallait relever tous les ridicules, égarements de vanité, prétentions, inégalités inouïes qui se rattachent aux mœurs d'une certaine classe qui tient aujourd'hui le haut bout, donne le ton ou est censée donner le ton à toutes les autres.

XV

Et on s'étonne après tout cela qu'il n'y ait plus de *monde*, c'est-à-dire, d'échanges de relations sociales dans un temps où chacun veut être *centre* avant tout, craindrait de déroger en ayant l'air de faire les moindres concessions d'affabilité, de bonhomie, de bonne grâce.

Le *quant-à-soi* est la marque caractéristique du parvenu : généralement, les enrichis se détestent et se portent ombrage les uns les autres ; ils attendent d'ailleurs toujours que l'on vienne à eux.

Reste alors la ressource des subalternes, des familiers passifs, mais encore où les trouver maintenant? La cuisine n'est plus même un attrait avec les progrès effrayants des restaurants et des cercles. Le vieux type du parasite s'en va de jour en jour.

Quant aux pauvres diables, gens de conversation, d'idées et d'esprit, ils reconnaissent que c'est de leur part une bien grande duperie de se déranger pour répondre aux invitations de monsieur tel ou tel, homme assez vulgaire souvent, qui, sous prétexte qu'il a une grande fortune, vous oblige à venir faire chez lui l'aimable, le courtisan, à subir une maîtresse de maison généralement fastidieuse et bornée, et s'imagine de plus que vous êtes son obligé après tout cela, que *ses politesses* culinaires vous constituent à son égard dans un état de dépendance, presque de vasselage... Ah! franchement, c'est trop! et on comprend que l'intelligence contemporaine soit à peu près résolue à ne plus guère dîner en ville!

Il en résulte que chacun vit chez soi, qu'on se voit de moins en moins, et que bien souvent, l'existence des classes relevées ne vaut pas, tant s'en faut, celle du peuple, qui a, lui, le bon esprit de consacrer le bénéfice des relations égalitaires.

Vous ne voyez plus guère que le peuple qui sache encore rire, se divertir et converser, en France.

XVI

S'enrichir est pourtant le mot du siècle, le mobile de toutes les préoccupations, de toutes les énergies. Enfin, on touche le but, on est riche et il se trouve que l'on a réalisé... l'ennui, le pire des malheurs de ce monde.

Au surplus, interrogez cet agent de change qui a passé la plus belle partie de sa jeunesse à crier le cours de la rente sous les voûtes de la Bourse, ce notaire qui a pâli sur des dossiers pendant trente années de sa vie, cet entrepreneur qui s'est enrichi dans une foule de fournitures, ce gros commerçant qui est sorti de son comptoir avec des revenus splendides et dont il ne dépensera jamais la moitié.

Tous ces gens-là, s'ils sont sincères, vous avoueront qu'ils s'ennuient à périr surtout depuis qu'ils ont quitté les affaires. Il en est même qui regrettent de bonne foi le temps où *ils étaient occupés*, comme ils disent, le temps de leurs soucis, de leurs peines, c'est-à-dire de leurs émotions, de leur activité.

Tout ceci prouve une chose, c'est que, dans nos mœurs actuelles, nous avons l'industrie, la spéculation, la grande facilité de faire fortune, mais nous n'avons pas le loisir.

Or, sans le loisir, l'argent n'est rien qu'un fardeau,
un privilége presque inutile: c'est le trésor de l'avare :

Diogène là-bas est aussi riche qu'eux.

XVII

— Eh bien, nous dit l'ancien régime qui reprend
ici la parole à juste titre, vous n'en avez plus voulu de
notre monde, vous l'avez détruit, effacé de votre mieux :
béni soit celui que vous avez inventé à la place!

Vous êtes tout aussi vains, aussi fastueux que nous,
seulement, vous n'avez plus le charme des manières, le
bon goût, l'esprit, l'art du savoir-vivre, tous ces prestiges de détail qui font qu'aujourd'hui, on adore jusqu'à notre vestige, au reflet de nos délicatesses et de
nos grâces.

Nos salons, à nous, n'étaient pas vides comme les
vôtres; on savait y parler d'autre chose que de Bourse,
d'industrie, d'agriculture, d'impôts, d'engrais, de fer,
de zinc, de coton.

Nous avions des femmes, de vraies femmes capables
de causerie, et non pas vouées, comme les vôtres, aux
commérages, au culte exclusif des chiffons et des détails de cuisine.

Nos repas n'étaient pas consacrés exclusivement à la
goinfrerie brutale et taciturne; c'était pour nous un
texte perpétuel d'agrément et d'aimable causerie.

Et vos débauches, si ridiculement imitées des nôtres !
Et vos sottes filles de joie, si triviales, si grossières ! Vos
soupeurs sans sel et sans esprit ! Où sont-ils vos Chau-
lieu, vos Lafare, vos Voisenon, voire même Voltaire de
temps en temps ?

Vous nous avez pris tous nos défauts, la plus grande
partie de nos vices, en supprimant toutes nos qualités.

Laissez-nous vous le dire avec franchise, et grâce à
ce vieux privilége de l'insolence que nous n'avons, Dieu
merci ! pas perdu : — chaque fois que vous voudrez
rivaliser avec nos plaisirs, notre éclat, nos élégances,
vous ne serez jamais que nos laquais

XVIII

La vieille société peut, certes, s'en donner à cœur
joie en fait de persiflage et de critiques à l'endroit de
la nouvelle ; toutefois, elle aura toujours un désavantage réel sur sa cadette, c'est de n'être plus : dans ce
bas monde, les morts ont toujours tort. Comme dit
Achille à Ulysse dans l'*Odyssée* : — « Mieux vaut être
simple cultivateur, esclave même, que de régner sur
des morts. »

L'ancienne société a péri et devait périr comme tout
ce qui est dans ce monde exclusif et artificiel.

Il est bien prouvé maintenant que toutes les fois
qu'une portion quelconque de l'humanité voudra s'isoler

du reste du monde dans un centre spécial de priviléges,
d'idées et de jouissances, en dehors de la responsabilité
commune, elle aboutira tôt ou tard à la satiété, au
sensualisme effréné, au dégoût d'elle-même, et enfin à
la révolution, qui est le dénoûment de tous les excès et
de toutes les orgies.

XIX

Mais si le fond est à rejeter absolument dans les anciennes aristocraties, il n'en est pas de même de la
forme, qui a eu des qualités et des mérites qu'il serait très-injuste de méconnaître.

Après tout, les hommes parfaitement élevés, les
femmes parfaitement aimables, seront toujours un
bienfait à toutes les époques et sous tous les régimes.
Il est possible que le nombre de ces personnes-là ait
été beaucoup plus considérable dans un temps que
dans un autre; nous ferons là-dessus la part aussi large
que l'on voudra aux champions de l'ancienne société.

Oui, les marquis, les duchesses d'autrefois, ont été
des êtres vraiment d'élite et dont on comprend que
l'on s'engoue, même à distance.

Mais si pourtant tous les hommes devenaient des
marquis, si toutes les femmes devenaient des duchesses, faudrait-il donc tant se plaindre?...

Illusion, dites-vous, utopie! — L'a-t-on essayé? jusque-là, on n'a rien à dire.

Qui sait où peuvent arriver les lumières modernes avec leurs ressources si considérables de jugement et d'application? Elles sont capables de nous rendre tout le côté attrayant et poli des mœurs de la noblesse et des cours, moins l'arrogance, l'afféterie, l'apparat, l'orgueil de caste, tous les défauts du genre.

Qu'il serait large le champ de la distinction et de la vraie noblesse humaine, si tout le monde se trouvait dans les mêmes conditions sociales! Il en est de cela comme de l'intelligence.

Quand on pense qu'il y a peut-être, à l'heure qu'il est, dans les rangs du peuple, cinq cent mille Voltaires ignorés qui n'ont pu se produire faute d'un peu de français et d'orthographe!

Combien plus encore, sans doute, de grands seigneurs, de gentilshommes cachés, qui ont la noblesse de l'âme, à défaut de celle des manières et de la naissance!

XX

La classe moyenne, celle qui possède, celle qui domine aujourd'hui par l'influence de l'argent, ne saurait donc négliger les mœurs sans se porter à elle-même un grave préjudice, et sans compromettre sa mission sociale dans ce siècle-ci.

Au lieu de se traîner à la remorque de l'ancienne aristocratie, qu'elle marche bien plutôt dans sa propre voie et se dise qu'elle est supérieure à la noblesse de caste, en ce sens qu'elle ne nie pas le peuple, qu'elle se rattache à lui par des liens directs, qu'elle comprend son admission dans la grande famille humaine.

L'argent n'est pas seulement, comme on le croit trop souvent, un fait égoïste et matériel; il est appelé aussi à devenir un fait moral, un instrument tout-puissant de progrès et d'émancipation.

C'est à lui-même à voir où est sa vraie force, à comprendre ce qu'on est en devoir d'attendre de lui. Pour cela, il n'a qu'à suivre la ligne morale et sociale que peuvent si bien lui tracer les hommes dignes, éclairés, fiers, non pas tant de leur fortune acquise que de leur intelligence; comme il s'en trouve, du reste, plus d'un dans les rangs de la bourgeoisie aristocratique.

CHAPITRE VI

LE PARTI DÉMOCRATIQUE

—

I

La démocratie a été jusqu'à présent bien plutôt dans les idées que dans les mœurs; ce qui le prouve, c'est qu'elle se trouve encore actuellement à l'état de *parti*.

Les partis sont presque toujours des faits matériels, des faisceaux de passions et d'intérêts particuliers, avant d'être des questions de principes et de sentiments. On se met généralement d'un parti par ambition, pour arriver à quelque chose.

Tout parti est exclusif et égoïste de sa nature, comme tout ce qui tend à faire bande à part au milieu de la masse. Chacun d'eux a son point d'honneur particulier, qui passe avant l'intérêt commun et souvent même avant l'intérêt bien entendu de sa propre cause.

C'est ainsi que les partis vaincus arrivent à dénatu
rer leur langage par dépit et par fanatisme. N'avons-
nous pas vu, de notre temps, le parti religieux renoncer
à la mansuétude évangélique de son origine, qui sera
toujours sa seule et vraie force, pour employer l'invective, la grossièreté, l'intimidation de l'injure?

Le parti légitimiste, qui se pique surtout de politesse
et de hautes convenances, ne s'est guère privé non plus
d'injurier dans les journaux qui le représentent.

Les partis sont comme les sociétés secrètes, meilleurs pour attaquer que pour constituer. Quand ils arrivent à gouverner, ils traînent presque toujours après
eux une foule de prétentions, d'engagements préalables, de questions de personnes, qui sont pour eux de
graves obstacles et deviennent souvent la cause de
leur chute.

On peut être un très-grand homme dans un parti et
un très-petit homme au pouvoir.

Une seule classe de la société n'a jamais eu de parti,
le peuple.

II

La démocratie avait bien été forcée de se constituer
en parti à la suite de la révolution du 18 brumaire.

Réduite à l'état de minorité, honnie, accablée partout, après avoir été le gouvernement, la France, le

monde entier, elle se vit dans la nécessité de se constituer occultement, comme une secte persécutée.

La Révolution avait bien pu réformer la religion, la politique, les lois, l'enseignement, l'armée, mais non pas les mœurs.

Les mœurs ne rétrogradent pas, mais elles n'avancent pas non plus si vite qu'on le croit; elles ne s'improvisent guère, surtout en France, où le glaive de la moquerie et du ridicule est sans cesse suspendu sur toute innovation.

La Révolution française, forcée de procéder par décrets en toutes choses, devait voir les mœurs résister à plusieurs de ses réformes, inspirées par les principes d'égalité, de fraternité, qui la guidaient en toutes choses.

Ainsi, le tutoiement universel, consacré par l'usage de l'antiquité, si juste et même si commode dans la pratique, si on veut bien le considérer sans passion et sans préjugé, ne pouvait manquer d'être rejeté par une nation assujettie encore en grande partie à la règle de l'étiquette et du cérémonial.

Les mâles et dignes appellations de *citoyen* et de *citoyenne*, substituées aux termes gothiques de *monsieur* et de *madame*, devaient être également repoussées.

Beaucoup d'innovations révolutionnaires, plus ou moins heureuses ou opportunes, n'étaient, dans tous les cas, que des propositions, des tâtonnements, de simples appels au bon sens national; qui ne pouvait changer sa politique, sans réformer en même temps ses usages et ses mœurs.

Le nouveau est toujours nécessairement ridicule de sa nature; ainsi, la fameuse *Carmagnole* offrait, certes, un assez beau thème aux railleries des muscadins du Directoire! Mais, pour que ces attaques eussent plus de sel, il eût fallu pouvoir remettre en honneur les talons rouges, les gilets à paillettes et les ailes de pigeon d'avant 89.

Quoi qu'il en soit, la Révolution française nous a rendu le signalé service de nous débarrasser des oripeaux, broderies, bijoux, dentelles, épées en verroul, habits de taffetas, de tous les accessoires pimpants et ruineux du vieux costume aristocratique. C'est grâce à elle que l'habillement moderne est arrivé progressivement à la forme simple, unie, exempte de prétention que nous lui voyons aujourd'hui.

Les fanatiques de la poudre et des manchettes brodées peuvent se déchaîner tant qu'ils voudront contre le costume masculin de nos jours, le trouver *laid, gauche, prosaïque, disgracieux;* il a du moins un grand avantage, c'est d'être essentiellement égalitaire.

III

Les mœurs démocratiques, n'ayant pu se constituer sous la Révolution, devaient y arriver encore bien moins sous les régimes suivants, qui n'étaient qu'une protestation perpétuelle contre la période révolutionnaire.

On sait ce que fut la Restauration ; les efforts qui furent tentés sous les règnes de Louis XVIII et de Charles X pour rejeter la France dans l'ancien moule religieux et monarchique. Cette œuvre de réaction vint se briser contre l'opposition habile, intelligente du libéralisme, qu'il ne faut pas confondre toutefois avec la liberté ; le libéralisme n'ayant été généralement que la liberté pour quelques-uns et l'indifférence pour tous.

Le libéralisme mêlé de bon et de mauvais, comme tous les partis, eut après ses luttes son jour de victoire. Il fut appelé à créer la royauté de Juillet.

Nous n'avons pas à apprécier ici le règne de Louis-Philippe, à voir si cette monarchie constitutionnelle, établie dans un pays tout nivelé, complétement dépourvu d'aristocratie, avait chance de se maintenir. Ce temps-là est encore trop voisin de nous pour qu'on puisse le juger impartialement.

Mais, sans nous engager en aucune façon dans la polémique ni dans l'histoire, nous pouvons bien dire que ce fut surtout sous la royauté de Juillet que l'on vit le *bourgeoisisme* atteindre à son plus haut point de développement. Alors, on vit la passion de l'argent et des intérêts matériels faire invasion partout, se croiser avec l'ambition, l'envie effrénée d'arriver, étendue même aux cœurs les plus jeunes ; la chute subite de tous les héroïsmes, l'amour du bien-être et du repos maladroitement déguisé sous un amour de paix absolue, poussé à l'extrême et comme pour dégoûter d'un principe sacré ; au milieu de la corruption érigée en principe politique et du scepticisme universel, des palinodies misérables issues d'un philosophisme inconséquent et bâtard, d'inutiles et éclectiques concessions faites à un clergé nécessairement intraitable ; des fonctionnaires allant à la messe par pure ostentation officielle, enfin, comme contre-poids au manque général de croyances, le saint-simonisme étalant ses doctrines et ses dogmes, érigeant la spéculation, la rubrique industrielle et financière en culte, en article de foi, comme pour donner le dernier coup de pinceau à un temps réduit à adopter pour ses symboles religieux des caisses, des comptoirs et des banques.

On ne peut nier que les mœurs françaises n'aient alors subi une grave atteinte. La physionomie nationale elle-même parut complétement modifiée. A l'ancien enjouement gaulois, proverbial dans le monde entier, on vit succéder l'air assombri, gourmé, sentencieux, la roideur systématique, ridiculement empruntée par nos mœurs parlementaires à l'attitude anglaise ; toutes sortes d'affectations de graves simagrées, qui n'avaient pas même le mérite d'être de notre essence et de notre cru et que nous retrouverons du reste plus loin au chapitre des *pédantismes*.

Mais le point essentiel à noter dans cette bourgeoisie,

fille de 89, a été sa sainte horreur de la Révolution, sa peur constante d'avoir l'air de pactiser avec la démocratie, suffisamment attestée du reste par les avances perpétuelles faites aux représentants de l'ancien régime, qui n'ont rendu et ne pouvaient rendre qu'indifférence profonde, complet dédain.

La France avait fait la révolution de Juillet pour prouver qu'elle ne voulait plus être légitimiste ni bigote. Elle fit la révolution de Février pour prouver qu'elle ne voulait pas non plus être bourgeoise.

IV

Où en était cependant le parti démocratique et révolutionnaire depuis la chute du premier Empire?

Les quelques restes de jacobins et de conventionnels non ralliés en étaient réduits à se cacher dans une retraite absolue ou dans les plis mystérieux du carbonarisme et des autres sociétés secrètes du temps. Ils avaient eu le bon esprit, sous la Restauration, de laisser le champ libre au libéralisme, qui était en train d'accomplir une grande mission.

La démocratie était comprimée, mais non supprimée; on put bientôt s'en convaincre lorsqu'il s'agit, après la chute de Charles X, d'établir un nouveau gouvernement. Alors, on entendit retentir de nouveau ce mot de *république*, qui avait tant remué la France trente ans auparavant. Les esprits les plus froids, les plus sensés, le rejetaient, non pas tant comme principe que comme difficulté pratique.

Ce mot fut vaincu de nouveau en 1850, mais Dieu sait à quel prix! Il fallut la phrase historique de la Fayette présentant Louis-Philippe au peuple comme *la meilleure des républiques.*

Bientôt, commencèrent les luttes du parti démocratique contre le gouvernement de la branche cadette; prises d'armes, barricades, guerres des rues, affiliations secrètes, procès de toute sorte, condamnations, suppressions de journaux : période de résistance acharnée, souvent héroïque, qui a coûté tant d'efforts généreux, tant de dépenses de sang, d'intelligence, et qui s'est prolongée jusqu'aux journées de mai 1859, qui furent, comme on sait, la dernière démonstration armée de la démocratie militante.

On put la croire définitivement anéantie ; toutes les associations étaient dissoutes, du moins en apparence, les principaux chefs, les combattants les plus énergiques exilés ou emprisonnés.

La démocratie, réduite à la seule force de son principe, fit plus de chemin peut-être que lorsqu'elle était sur le pied de guerre. Onze ans s'étaient à peine écoulés, et elle se trouvait appelée inopinément à gouverner la France au nom de cette même république et au grand ébahissement de cette bourgeoisie aveugle et *satisfaite*, qui croyait à l'éternité du régime bâtard établi par elle à son profit en 1830.

V

Conspirer et exercer le pouvoir sont deux choses toutes différentes : le parti démocratique allait bientôt avoir à s'en convaincre lorsqu'il serait aux prises avec cette tâche si belle, mais si arduc, de gouverner démocratiquement un pays tel que la France.

Il n'est plus question aujourd'hui, on le conçoit sans peine, de palliatifs ni de faux-fuyants ; malheur aux démocrates attardés qui éprouveraient le besoin de flatteries après tant de leçons si rudes, fournies par les événements eux-mêmes !

Le parti démocratique, au moment où Février l'obligea à se produire au grand jour du pouvoir, se composait de quelques bons éléments intelligents, consciencieux, honnêtes. Mais, à côté de ceux-là, combien d'équivoques, de dangereux même ! Moins qu'aucun autre ce parti-là n'avait pu jusqu'alors se trier, ayant toujours été dans la lutte.

Il se composait principalement de conspirateurs jeunes ou vieux, chefs ou adeptes des sociétés secrètes, *hommes d'action*, comme ils s'appelaient eux-mêmes, toujours prêts à faire le coup de fusil quand même et à élever des barricades, autant dans un intérêt d'art et de fantaisie que de conviction réelle; de prolétaires ignorants convertis en tribuns ou en sectaires, de détenus politiques, beaucoup trop fiers généralement de leurs antécédents de conspirations et de prisons ; enfin, de socialistes de diverses nuances, esprits distingués souvent, mais illuminés pour la plupart, sans nulle pratique, poussant l'égoïsme du système jusqu'à tout sacrifier, même la liberté; au triomphe de leurs doctrines.

La république de Février, entourée de tant de difficultés, devait-elle avoir la vertu de l'ingratitude envers ces hommes qui avaient tant contribué à son avénement par la persévérance de leurs efforts, mais qui devaient aussi tant contribuer à sa chute par leurs folies et leurs exigences? Pouvait-elle se dégager de ce personnel si mêlé, si compromettant? Ce sont là des questions à peu près oiseuses aujourd'hui, et qu'il est d'ailleurs toujours facile de résoudre après coup.

Ce qu'on peut dire, c'est que la République de 48 a péri, non pas tant peut-être par suite des oppositions et des résistances accumulées autour d'elle, que parce que les hommes, c'est-à-dire les mœurs, lui ont manqué.

Le vieil axiome qui impose les mœurs aux démocraties bien plus encore qu'aux monarchies et aux aristocraties devait ressortir à ce moment-là dans tout son lustre. Il fallut bientôt reconnaitre avec douleur qu'au moment où la république avait été rendue à la France, la nouvelle génération républicaine n'était pas encore formée.

Personne, vers 1848, n'avait pu encore se faire une idée nette de ce que doit être le démocrate moderne, tout différent de l'ancien, sous tant de rapports.

On avait bien plutôt combattu qu'on n'avait réfléchi. Bien des sophismes, des idées fausses avaient dû s'emparer des esprits dans l'atmosphère si souvent trouble et dangereuse des prisons et des conciliabules secrets. La plupart en étaient encore à copier servilement les mœurs et les allures extérieures de la Convention, qu'il fallait abandonner au contraire, sous peine de tomber dans le pastiche et de réveiller d'inutiles terreurs.

Personne n'avait encore osé dire tout haut que le véritable démocrate d'à présent n'était pas seulement un homme d'affiliation, de prison et de combat, comme on se l'était trop longtemps figuré. La bravoure, le dévouement, le mépris de la mort sont, sans doute, des qualités précieuses pour toutes les causes, mais il faut que d'autres vertus s'y joignent; le désintéressement politique et privé, l'abnégation, la modestie, l'art d'obéir surtout, non moins essentiel dans une république que celui de commander.

VI

Si le ver de l'ambition vous ronge, si vous avez le goût des flatteries, de la louange, des glorioles extérieures, des insignes vaniteux, ne prenez pas ce titre de démocrate; tournez-vous plutôt vers les monarchies, qui auront toujours amplement de quoi vous satisfaire.

Mais s'il faut prescrire l'obéissance, l'humilité aux pauvres et aux petits, qui généralement se drapent, se guindent si volontiers une fois dans les rangs de la démocratie, combien plus ne faut-il pas prêcher ces vertus-là aux hommes éclairés et supérieurs, exposés par leur position, leurs talents à toutes les embûches de l'amour-propre et de l'intrigue!

Avocat démocratique, n'est-il pas vrai, vous n'ignorez pas que vous exercez un métier de vanité et d'apparat qui prête singulièrement à l'élasticité des opinions et aussi aux développements infinis de la parole? Vous n'entrez plus désormais dans la démocratie seulement pour y trouver un débouché à votre éloquence individuelle, un marchepied à vos arrière-pensées d'avancement? Vous ne risquez plus de vous abandonner à ces tergiversations de principes que les habitudes du barreau engendrent trop aisément dans les consciences politiques!

Écrivain démocratique, vous n'oubliez pas non plus que dans votre métier, la vanité joue également un grand rôle : la vanité, l'ennemie de toutes les républiques, la mort de toutes les convictions et de toutes les causes!

Aussi, avec quel soin vous veillez désormais sur votre caractère et sur toutes vos démarches, une fois au service de ce noble principe! Comme vous savez bien éviter l'emphase privée ou écrite, la déclamation, la boursouflure biblique et lyrique, tout ce qui tendrait à détourner de son véritable esprit la langue du peuple, destinée à devenir aussi pure, aussi naturelle, aussi classique, dans le bon sens du mot, que celle des aristocraties !

Héros et martyr politique, vous vous abstenez surtout d'étaler vos états de prison et de souffrance ; c'est à vos concitoyens à les connaître et à vous en tenir compte, s'il y a lieu.

Le démocrate digne du nom n'est jamais impatient ni découragé. Les ambitieux seuls désespèrent de leur temps, parce qu'ils voient sans cesse dans l'avortement de leurs espérances privées un signe de décadence universelle. Lui n'a pas de ces défaillances-là ; si l'application de son principe lui échappe dans le présent, il s'en console en la préparant pour l'avenir.

Vous ne le verrez plus jamais hérissé, gourmé, puérilement rébarbatif d'allures ni de forme. Il fuit par-dessus tout la mise en scène de 93, les bonnets rouges et les écharpes menaçantes : autres temps, autres insignes.

Il n'est nullement ennemi de la politesse, comme on l'a prétendu souvent ; sa politesse à lui n'est pas une convention, une recherche de l'épiderme, qui cache trop souvent l'orgueil et le dédain : elle vient du cœur, du vrai principe moral.

Il apprécie et recherche les arts, mais non pas ces arts païens et traditionnels qui sont une des grandes causes de nos dégoûts et de nos ennuis contemporains. Il veut les arts nouveaux, marqués à l'empreinte de notre âge et de nos idées, ceux qu'il faudra bien que l'on nous constitue un jour ou l'autre.

On l'a accusé aussi de redouter ou de nier le talent ; calomnie toute pure ! le vrai talent pousse, par sa nature, à la démocratie, à l'égalité ; ce sont les fausses renommées, les faux talents qui tiennent pour l'aristocratie et le privilége.

Enfin, muni par l'expérience et la réflexion, il a appris à vivre, ce qu'il ne savait peut-être pas assez à d'autres époques.

L'ambition est si peu son thème unique, il croit si peu que la vie doive être une protestation politique perpétuelle, que son plus beau jour sera celui où il abjurera toute politique, pour être aussi doux, aussi sociable, dans le cours ordinaire de la vie, qu'il a pu se montrer ardent et fougueux aux époques de crise et d'effervescence.

VII

De tels sentiments n'étaient pas et ne pouvaient pas être dans l'esprit de la République de 48, qui fut une surprise pour tout le monde. Les idées remontaient incessamment vers le passé, depuis près de cinquante ans pour tous, et même pour la démocratie qui fit de l'aristocratie et du privilége sans le vouloir.

Quelle meilleure preuve en veut-on, que cette distinction, à la fois si fatale et si folle, établie dès le lendemain de la révolution de Février, entre *les républicains de la veille* et *ceux du lendemain?*

On vit sortir des pavés démocratiques une aristocratie toute nouvelle et des plus étranges, celle des cachots, des condamnations, des sociétés secrètes, des procès politiques. Le républicanisme commença par vouloir se spécialiser lui-même et s'ériger en monopole et en cénacle ; singulière façon, en vérité, de s'inoculer à tout un pays placé, la veille encore, sous la main des royautés !

Ces fautes, dues en partie à des malentendus et à la précipitation des événements, étaient loin sans doute d'être irrémédiables ; le bon sens public en eût fait bien vite justice ; après la couche des intrigants, des insensés, on fût arrivé à celle des hommes éclairés, des vrais citoyens.

Mais ceci ne faisait pas le compte des partisans des régimes anciens qui donnèrent alors à la France démocratique tant de preuves de passion et d'acharnement. Après avoir déclaré, dans un moment de raison qui ne fut qu'une lueur, que *la république était encore le gouvernement qui les divisait le moins,* ils ne laissèrent pas de se coaliser contre elle et n'eurent pas de cesse qu'elle ne fût renversée.

L'événement a comblé leurs vœux : puisse-t-il avoir épuisé en eux le germe des intrigues et des rancunes !

VIII

Quant aux mœurs démocratiques mêmes qui nous occupent ici spécialement, rappelons que la réforme, qui n'était pas faite en 48, est toujours à poursuivre aujourd'hui. Les caractères se produisent et éclatent dans les moments de crise, mais ils se préparent et se forment dans les circonstances ordinaires.

C'est au démocrate actuel à voir s'il a bien réellement dépouillé le vieil homme de Février, s'il a su abjurer l'individualisme, l'orgueil chimérique, le républicanisme de caste et de coterie? Le matérialisme n'a pas dans ce monde que l'amour de l'argent pour expression; on le retrouve au fond de toutes les ambitions, sous quelque drapeau qu'elles s'abritent.

Les mœurs démocratiques ne sont pas seulement celles d'un parti, elles sont destinées à devenir les mœurs de la France, de tous les peuples; elles ont donc de grands et dignes exemples à fournir et ne sauraient trop se surveiller elles-mêmes.

On les a souvent accusées d'être révolutionnaires et subversives, c'est un tort : prises dans leur sincérité, dans leur expression véritable, elles représentent la digue la plus sûre contre les révolutions. C'est par elles que les sociétés modernes sont appelées à trouver enfin leur véritable équilibre.

CHAPITRE VII

LA FAMILLE

I

Pour suppléer au manque de croyances dont on se
plaint si fort aujourd'hui, pour contre-balancer le matérialisme, ce goût effréné de l'argent, ce besoin in-
satiable de jouissances extérieures qui semble devoir
être le cachet indélébile de notre siècle, on se rejette
sur la famille ; on espère tout sauver par elle.

La famille, non plus que les lois, la religion, l'État
et tout le reste, n'est un fait absolu, providentiel ; il
est avant tout la conséquence des mœurs. Tant valent
les mœurs, tant vaut la famille.

On n'en est plus sans doute à présent à invoquer
la famille comme mot d'ordre de parti et de protestation, ainsi qu'on l'a fait en 48. Si quelque chose pouvait la rabaisser, ce serait d'en faire un instrument

banal de déclamation, de sentimentalisme social et conservateur.

Les gens qui nient la famille sont des ignorants et des insensés, mais ceux qui l'invoquent à tout propos et par tactique sont souvent des tartufes de mœurs qui ne font sonner si haut ses principes et ses vertus que pour les violer outrageusement dans le cours de leur vie privée.

II

On dit parfois que le relâchement de la famille tient surtout au relâchement des habitudes religieuses. C'est là une allégation générale qui ne s'accorde pas précisément avec la réalité.

Les pratiques de la religion n'ont qu'un rapport indirect avec les liens de famille ; elles contribuent à les affaiblir, même à les dissoudre dans plus d'un cas : ainsi, l'exagération des habitudes pieuses dans certains ménages, les congrégations, les vœux monastiques, etc.

La religion ne représente qu'un coin particulier des existences ; elle aide souvent à la morale, mais elle ne la constitue pas entièrement.

Si la famille n'est plus ce qu'elle a été autrefois, ce qu'elle devrait être toujours, il faut s'en prendre surtout au grand développement spéculateur, jouisseur et industriel.

Quand on n'a qu'une seule idée en tête, faire sa fortune le plus tôt possible, arriver le plus tôt possible à toutes les jouissances que l'argent procure, on comprend qu'il ne reste guère de place pour les questions d'attachement et de cœur.

Les conditions, les obligations, même les distractions, enfin toutes les relations de la vie usuelle ayant été jusqu'à présent assez mal posées, assez mal définies, la famille a dû nécessairement s'en ressentir.

Elle doit beaucoup sans doute à la nature, à la voix du sang, mais l'instinct n'est pas tout pour elle.

Il y a tout un art de vivre en famille et de s'aimer, qu'il faut connaître et qui s'enseigne même à la rigueur. La vie de famille est au moins autant raison et convention qu'inclination, et c'est en cela qu'elle se distingue des attaches de l'amour et des sens.

III

Elle est en grande partie et, plus encore que bien des choses, sous l'influence de l'éducation ; d'abord, celle des enfants, qu'il s'agit de soumettre de bonne heure à une discipline véritablement morale, philosophique et sociale, ce qu'on ne fait guère généralement.

Ensuite, l'éducation des parents ; celle du père, dont le rôle est si peu fixé dans l'existence actuelle, et qui se compose le plus souvent d'un mélange de vague surveillance, de vague sollicitude, de vague morale. De là ces pères indécis, balancés incessamment entre la paternité d'autrefois, conventionnelle et hiérarchique, et le laisser-aller moderne ; au fond, sans principes arrêtés, sans influence directe sur la conduite de leurs fils.

Et la mère moderne, croit-on donc qu'elle ne soit pas à créer tout entière ?

Nous ne parlons pas des vices inhérents à l'éducation générale de la femme, que nous retrouverons plus loin ; mais au point de vue même de la maternité, que de préjugés, d'idées fausses, de mollesses, de tendresses, d'aveuglements funestes, qui témoignent bien plus d'ignorance maternelle que d'affection véritable !

Que de causes réunies pour former toute une génération de petits blasés, de petits fats, de petits jouisseurs, d'êtres appelés à tout exiger du monde sans rien lui donner, en raison même de leur éducation, qui n'a été qu'une infraction perpétuelle aux lois de la solidarité humaine la plus vulgaire !

IV

On n'a jamais tant célébré, tant prôné la maternité que depuis que les sentiments de la famille ont eu l'air de s'affaiblir.

On en est arrivé à nous créer une sorte de mère apprêtée, théâtrale, qui ne demande qu'à faire parade devant autrui de son enivrement maternel, qui confond l'attachement avec le fétichisme, se figure avoir fait les plus belles prouesses d'affection lorsqu'elle a dorloté du matin au soir sa marionnette chérie, sa marmotte rose, bien-aimée, l'a chamarrée d'oripeaux insensés comme une pagode ; si peu mère en réalité, qu'elle n'hésite pas à prolonger ses mignardises énervantes jusque bien après l'époque où sa progéniture a les yeux tout grands ouverts au jour de la raison.

Qu'on le sache une fois pour toutes : malgré tous les détestables conseils des faux romans, des comédies musquées, des vaudevilles pleurnicheurs. gâter un enfant est toujours une faute et souvent un crime.

Un enfant n'est pas seulement un jouet, un gentil ressort qu'on a le droit de faire mouvoir à satiété pour le charme et l'amusement de l'intérieur ; c'est un fragment de la société que le monde confie aux parents et qu'il doit leur réclamer un jour.

Une mère qui n'a pas constamment cette idée-là devant les yeux, malgré toutes ses effusions d'idolâtrie, n'est pas une vraie mère ; elle a plus de grimaces et de sourires que d'entrailles ; elle est poupée comme son enfant.

Même avec les chances les plus favorables, les plus heureuses qualités primitives, tout enfant gâté est menacé de devenir un jour un franc égoïste, un mauvais fils, un mauvais citoyen.

V

On est parvenu aussi à inventer de notre temps une
certaine espèce de lunes de miel prolongées, qui s'é-
tendent souvent dans certains mariages bien au delà
des limites d'autrefois, grâce aux épithalames bourgeois en faveur du coin du feu qui est devenu, comme
on sait, tout un cantique, toute une poésie particulière.

C'est ainsi que l'on voit souvent de ces couples, éternellement blonds et frais, parfaitement assortis du reste
d'inclinations et de goûts, qui ont su se créer une
existence toute composée de délices domestiques, de
câlineries mutuelles, de petits cadeaux, de petits
diners, de petites fêtes à deux, toujours à deux, avec
ses brouilles amoureuses, ses bouderies, ses rapproche-
ments dans le goût de ce marivaudage intime et conjugal, dont un certain théâtre a tant fait abus.

C'est là une destinée fort intéressante sans doute,
au point de vue du colombier, mais fort contestable
sous le rapport de l'humanité, même de la moralité
matrimoniale.

Cet égoïsme, si hautement sanctifié par la morale
de vaudeville qui est la règle à peu près unique des
mœurs d'un monde particulier, dure ce que durent
tous les égoïsmes d'ici-bas.

Heureux les deux époux lorsqu'ils se décident à

vieillir d'un commun accord, à se découvrir ensemble, juste à la même heure, leur premier cheveu blanc sur leurs tempes mutuelles !

Toutefois, au milieu de cette ravissante idylle, on s'aperçoit tout à coup, un beau jour, que l'enfant a grandi. Juste ciel ! ce n'est plus du tout un enfant !

Hier encore, en jaquette et en collerette brodée; aujourd'hui, c'est un grand garçon qu'il faut absolument lancer dans le monde, ou bien c'est une fille bonne à marier !

Alors la vie de famille entre dans une nouvelle phase; à la famille naturelle succède la famille d'alliance et de convention.

VI

On a pu dire que la famille était sinon perdue, au moins gravement compromise du jour où les mariages d'argent ont été inventés.

L'ancienne société aristocratique avait décrété sans doute quelque chose d'assez peu sentimental et moral en établissant que la noblesse n'épouserait jamais que la noblesse, et que le cœur d'une jeune fille n'aurait jamais le droit de se mésallier.

Mais, du moins, elle était restée en cela fidèle à son principe, qui établissait que le monde commençait et finissait à elle.

D'ailleurs, les alliances entre les grandes familles, concentrées dans un milieu spécial, faisaient supposer presque toujours des relations préalables, des accords de penchants; la parenté engendrait souvent les unions; les apparences étaient du moins sauvées.

Mais la société moderne a fait quelque chose de pire, il faut bien le reconnaître, lorsqu'elle a déclaré, dans son dédain complet des inclinations et des choses de l'âme, que ce qu'on devait rechercher avant tout dans une union, c'était l'équilibre des dots, des apports... — Combien a-t-il?... — Combien a-t-elle?... — On n'en cherche pas plus long, et voilà un mariage bâclé!

Quelles mœurs pouvaient sortir, hélas! d'un pareil état de chose?

VII

Supposez un Illinois, un Huron, comme on en inventait au dix-huitième siècle, tombant inopinément au milieu de notre civilisation et remarquant les inégalités de conditions et de fortunes dont notre société est remplie.

Il serait fort capable de penser, dans sa naïveté, que le mariage a été institué pour réparer autant que possible ces inégalités-là.

— Votre monde, dira-t-il, a dû établir, dans son esprit réparateur de justice humaine, que la fille sans for-

tune épouserait l'homme riche, et que la fille riche s'u-
nirait en revanche, à l'homme sans fortune?

— Pas du tout, serait-on forcé de lui répondre, c'est
justement tout le contraire qui a été établi. Il a été convenu d'un accord à peu près unanime que le plus riche
épouserait toujours la plus riche; que le manque de dot
constituerait pour les jeunes filles pauvres un cas d'in-.
capacité conjugale à peu près absolue.

N'est-il pas vrai que devant un arrangement sem-
blable.votre homme serait en droit d'ouvrir de grands
yeux et de se demander s'il est bien dans le pays de la
civilisation ou dans celui de la sauvagerie ignorante
de tous les sentiments et des plus simples bienséances
de la vie?

VIII

Beaucoup de familles, lorsqu'elles se proposent
d'unir leurs enfants, commencent par mettre dans la
balance du contrat les dots mutuelles, plus, comme on
dit, les *espérances* (affreux mot qui restera consigné
malheureusement dans le vocabulaire pratique de notre
siècle!).

Lorsque les deux plateaux se trouvent à peu près en
équilibre, il est entendu que le mariage peut se faire :
toutes les conditions préalables sont remplies; alors on
autorise le prétendu à *faire sa cour*, c'est-à-dire à venir

pendant un certain nombre de soirées s'asseoir autour de la table du salon pour contempler sa fiancée à travers le cercle des parents, et aussi à lui apporter des bouquets, à lui débiter des banalités qu'il s'efforce de rendre, autant que possible, tendres, officiellement amoureuses, conformément à son rôle.

C'est dans cette *cour* que se traite tout l'avenir moral de deux êtres qui souvent ne s'étaient jamais vus quinze jours ou trois semaines auparavant, et qui ont à reconnaître en un certain nombre de séances si leurs deux âmes sont faites pour s'entendre et sympathiser à tout jamais.

Il est vrai qu'il y a pour la jeune fille la perspective des diamants, des cachemires, des chevaux, des domestiques, du *délicieux petit hôtel*. Tout cela suffit pour s'étourdir et empêcher de trop approfondir le chapitre des affinités sentimentales.

IX

Comment se fait-il que deux jeunes amants intéressent presque toujours et inspirent la sympathie, tandis que deux jeunes époux fatiguent souvent, indisposent, répugnent même, par l'espèce de publicité qu'ils croient devoir donner à leur attachement?

C'est qu'on sent qu'il n'y a que de l'amour entre les premiers; l'amour qui est trop pauvre aujourd'hui dans bien des circonstances pour aspirer au mariage; entre les autres, au contraire, il y a l'intérêt, le calcul. Eux-mêmes (les époux), savent qu'ils se sont unis sans penchant réel; c'est pourquoi, ils croient devoir s'imposer la comédie de l'affection pour le monde.

Le mariage devient bien souvent impudique par le manque complet de préludes affectueux. Quand donc le rendra-t-on aussi tendre et sincère que certaines liaisons?

X

On n'est nullement choqué d'entendre tous les jours des gens vous dire avec le plus grand sang-froid : — « Il faut absolument que je trouve une femme qui m'apporte *tant* pour payer ma charge ou mon étude. »

On parle sans scrupule aucun de jeunes filles de *cent mille, cent cinquante mille, deux cent mille francs* et au-dessus!

Il existe certains mots amoureux, consacrés dans le vocabulaire du tête-à-tête. On dit : « Ma chère bien-aimée! ma chère pensée! ma chère moitié! ma chère âme! » Pourquoi n'arriverait-on pas aussi à dire, en parlant de sa femme : *Ma chère dot!* Ce serait plus naturel et plus vrai dans la bouche de plus d'un mari.

XI

Les mariages d'argent engendrent, par une conséquence directe, ce qu'on peut appeler les *fausses familles*, ces assemblages fortuits de gens complétement
indifférents les uns aux autres et qui sont forcés de
s'appeler, du jour au lendemain, pères, mères, frères,
sœurs, oncles, tantes, etc.

Bientôt, les incompatibilités d'humeurs, de caractères, se découvrent et éclatent. Alors on entame le
chapitre des brouilles mutuelles, qui font de tant de familles modernes des Capulets et des Montaigus bourgeois; ou bien, on se concilie, on s'accommode, mais
ce n'est qu'au prix de grandes concessions réciproques,
de larges éliminations faites dans le camp des deux
parentés.

On supprime d'abord les bons vieux oncles, les bonnes
vieilles tantes, que l'on déclare, d'un commun accord,
ridicules, incommodes, surannés, à moins qu'ils ne
représentent quelque gros avenir de succession.

Ensuite, on passe au frère, qui ne trouve pas grâce
non plus devant l'aréopage de la nouvelle famille, surtout s'il est obscur et pauvre; il est réputé unanimement gênant, acariâtre, difficile à vivre; il fait tache
au milieu de la fraîche aquarelle conjugale.

On va même jusqu'aux pères et mères, que l'on ar-

rive à voir le plus rarement possible. Le mari sacrifie
tacitement son père à sa femme; la femme, de son
côté, sacrifie sa mère à son mari, et tout va le mieux
du monde !

XII

Ainsi, les liens du sang, les rapports naturels se
trouvent complétement altérés par suite du mariage,
qui devrait, au contraire, resserrer les relations des
cœurs.

Comment veut-on que ces groupes d'inconnus en-
trent à l'improviste dans les relations délicates et souvent si difficiles de la parenté, sans qu'il y ait toutes
sortes de conflits, de chocs, de rivalités secrètes? Il faut
se connaitre de si longue date pour pouvoir vivre ensemble et apprendre à se tolérer !

Aussi, combien de membres de ces fausses familles
passent leur temps à se jalouser, à se déchirer les uns
les autres !

Où sont-elles ces fêtes de famille, connues de nos
pères, ces repas des dimanches et des fêtes, ces réunions
éternellement précieuses et touchantes, où chacun était
convoqué sans exception, où l'on voyait toutes les têtes
échelonnées autour d'une même table, depuis celle
de l'aïeul, toute blanche et vénérable, jusqu'à la tête
rubiconde et bouclée du plus petit des petits-enfants,

dont le menton n'allait guère au-dessus de la nappe?

On a bien raison de les regretter, ces mœurs patriarcales, car ce ne sont certes pas les illusions du luxe ni les jouissances de l'argent qui pourront les remplacer!

Nous aurons beau tout remuer, tout changer, tout orner, tout dorer, nous n'inventerons jamais de bonheurs qui vaillent ceux-là.

XIII

On dit quelquefois, pour expliquer la modification si regrettable de la vie d'intérieur : — « Mais voyez donc ce que sont les appartements d'aujourd'hui, si étroits, si exigus! Comment veut-on que des familles complètes puissent s'y réunir? »

Mauvaise raison! Nos pères n'avaient qu'une seule pièce bien souvent, et pourtant tout le monde y tenait. Le plus petit bourgeois d'aujourd'hui veut avoir six pièces pour le moins, mais à la condition, bien entendu, d'y concentrer beaucoup plus de meubles, de chinoiseries, de porcelaines, de colifichets que de parents et d'amis.

Si on ne veut absolument pas renoncer à l'habitude des bonbonnières, en guise de logements, que ne supplée-t-on, du moins, par l'adoption de vastes locaux, qu'on louerait pour certains jours et qui remplaceraient l'ancien grand salon du temps passé! Il n'y aurait plus, dans ce cas-là, de prétexte pour les éliminations de tels ou tels parents, toujours si injustes et si profondément immorales : toute famille incomplète et mutilée n'est plus une famille.

Comment l'architecture moderne, si fertile en inventions, en ressources de toute espèce, mais qui ne sait nous construire jusqu'à présent que des palais aux mille alvéoles égoïstes, n'a-t-elle pas songé déjà à réaliser ces locaux de famille, qu'il serait si précieux pour les mœurs de voir se multiplier à l'infini ?

On arriverait peut-être ainsi à combattre le fléau des cercles, si justement maudits par les femmes, ces tripots somptueux, ces tristes monuments élevés par la richesse solitaire et blasée à ses goûts de séquestration et de jouissances exclusives.

On aurait des centres non-seulement pour des familles entières, mais même pour plusieurs familles réunies, qui pourraient se voir, communiquer entre elles ; car il n'est pas bon qu'une famille, si unie qu'elle soit, vive toujours sur elle-même. Le *chez soi*, le *pour soi*, poussé à l'extrême, nuit à la longue aux intelligences et même aux cœurs : la famille ne doit devenir dans aucun cas une des formes de l'exclusivisme humain.

Il s'agirait enfin par ce moyen-là, ou par d'autres, de réagir contre cette maladie de l'isolement, qui menace de rompre entièrement les liens de l'intimité et des relations, que nous ne saurions laisser perdre sans nous

constituer dans un état de véritable infériorité morale
à l'égard des mœurs d'autrefois.

XIV

Pauvres jeunes gens, on vous accuse partout aujour-
d'hui d'abandonner le foyer paternel, de déserter la
famille, pour courir après certaines distractions inter-
lopes qui, certes, ne brillent pas toujours par le goût
et la délicatesse! On dit que vous êtes plus dépravés
que les jeunes gens d'aucun temps; on se trompe, vous
êtes de votre siècle, voilà tout.

Mais n'est-ce pas une chose à la fois triste et bien
significative de les entendre dire, lorsqu'on les accuse
ou qu'ils s'accusent eux-mêmes de leurs mauvaises
fréquentations : « Que voulez-vous, notre intérieur est
si peu attrayant! nos réunions intimes si monotones!
On s'ennuie tant dans notre famille!... » .

Sans doute, la famille ne saurait avoir la prétention
de rivaliser avec les enivrements des soupers et des
bals publics, mais encore faut-il qu'elle conserve toujours un certain niveau de charme et de grâce; que les
gens qui la composent ne se réunissent pas seulement, comme il arrive dans bien des intérieurs, pour
disserter entre eux sur leur budget, leurs revenus,
les produits de leurs terres et de leurs immeubles.

La vie de famille ne sait pas assez combien elle a

besoin de séductions et d'attraits, même en dehors des affections, pour retenir tous ses membres dans son sein.

Du reste, un siècle fait sa jeunesse lui-même; les reproches qu'il peut avoir à lui faire remontent le plus souvent jusqu'à ses exemples, à ses maximes et à ses propres mœurs.

Le développement effrayant que les attaches équivoques ont pris de nos jours, le goût des liaisons affichées, l'importance déplorable donnée à certaines filles entretenues et à une certaine classe d'actrices, cette vie de plaisirs toute matérielle, conséquence de la vie d'affaires non moins matérielle, toutes ces choses-là que nous retrouverons au chapitre des *Femmes*, sont loin d'être entièrement concentrées dans l'existence des jeunes gens; l'âge mûr en a aussi sa bonne part.

La jeunesse s'affiche et la maturité se cache, voilà souvent toute la différence. Cela ne suffit pas, sans doute, pour faire peser exclusivement sur la jeunesse les péchés et les extravagances de toute la génération.

CHAPITRE VIII

LA LITTÉRATURE

I

On dédaigne la littérature aujourd'hui et on a grand
tort !

Un siècle qui ne se composerait absolument que de
boursiers, de banquiers, d'agioteurs, de spéculateurs,
de gens d'affaires, d'ingénieurs, de mécaniciens, de
raffineurs, de constructeurs d'usines, de directeurs de
machines à vapeur et de canaux, et qui n'aurait plus
du tout de faiseurs de livres, de remueurs d'idées,
serait bien vite un siècle passablement triste, aride,
monotone, complétement inférieur à ses aînés.

Surtout en France, où la littérature joue un si grand
rôle, se mêle à tout, se retrouve partout. N'est-ce pas
sur les ailes de notre langue et de nos lettres que le
nom français a fait le tour du globe ?

Un homme qui n'est pas *lettré*, dans le bon sens du

mot, ne peut ni raisonner, ni penser, ni même se conduire en véritablement honnête homme. Il vit au hasard, passivement, comme une machine qui ignore elle-même ses rouages.

Non-seulement l'éloquence, la conversation, toutes les jouissances de l'esprit et des arts ; mais la politique, les lois, les religions, ne sont autre chose que de la littérature condensée.

Un homme qui rend sa pensée, ou plutôt celle de tout le monde, dans un langage à la fois le plus éloquent, le plus clair, le plus accessible à tous, n'est-il pas un être éminemment utile, précieux, et que chacun doit encourager?

D'où vient donc que l'écrivain d'à présent semble en grande partie délaissé et discrédité? Cela tient à beaucoup de raisons ; mais d'abord à l'écrivain lui-même, qui est dans bien des cas, sans s'en douter, l'homme du passé, comme du reste beaucoup d'autres échantillons de l'intelligence moderne.

Il faut au contraire que l'écrivain soit l'homme moderne par excellence, qu'il déblaye tout, inaugure tout, réforme tout; qu'on le retrouve à la tête de toutes les innovations et de toutes les initiatives.

Sa place est constamment aux avant-postes de la grande armée sociale : s'il reste à l'arrière-garde, s'il s'enterre lui-même dans les fourgons et les bagages des temps anciens, qu'il ne s'étonne pas si on l'oublie et s'il tombe graduellement en désuétude.

II

De même que le savant, l'homme d'État, le prêtre, le soldat, le légiste, l'artiste et beaucoup d'autres types sociaux ; l'homme de lettres est destiné sans doute à se modifier considérablement, peut-être même à disparaître tout à fait de l'horizon d'un certain monde.

L'essence de toute littérature est d'être tôt ou tard absorbée par la masse, qui doit, dans un temps donné, s'assimiler la plus pure substance du style, des arts, des conceptions, des idées.

Les choses n'en sont pas encore arrivées là sans doute ; et dans tous les cas, une telle pespective, loin de décourager l'homme de lettres d'à présent, doit le rehausser au contraire dans son esprit, le fortifier sous le rapport de la philosophie pratique et de la direction à donner à ses facultés et à ses talents.

Du reste, sous prétexte que la littérature est destinée à s'universaliser, ce serait une grande erreur de vouloir abaisser son niveau pour la populariser plus vite.

La question pour gagner du terrain nouveau est de né perdre aucune des portions de l'ancien.

Ainsi, pour ne citer qu'un seul fait et qui tient à l'instruction de la jeunesse, quand on a essayé de nos jours de la couper brusquement en deux, d'arracher prématurément les jeunes esprits aux humanités et aux belles-lettres à l'âge où ils commencent à pouvoir en goûter les fruits, pour les nourrir principalement de sciences industrielles et positives, de mathématiques, de chimie, de géologie, de physique, de mécanique, etc.; on a vu à quels beaux résultats on est arrivé !

On a créé une jeunesse pratique et desséchée avant la fleur, à la fois matérialiste et ignorante (l'ignorance venant souvent de la science mal appliquée, mal digérée). Les jeunes gens qui *ont bifurqué* ne se distinguent que trop aisément dans le monde.

L'esprit scientifique, industriel, commerçant, militaire, agricole, doit être subordonné en France plus que dans tout autre pays, entièrement à l'esprit littéraire. Le grand point est de mettre cet esprit littéraire au courant des mœurs et des idées du temps, d'empêcher qu'il ne soit ce qu'il a été trop souvent, un instrument d'immobilité ou de rétrogradation.

III

On lit aujourd'hui plus que jamais, et quel parti on pourrait tirer de ce goût-là si on voulait en faire un moyen sérieux d'éducation pour le plus grand nombre!

Malheureusement la masse, qui sait lire d'hier à peine, n'a encore que l'instinct grossier de la lecture;

elle lit bien plus avec les yeux du corps qu'avec ceux de l'âme et de l'esprit.

Une spéculation sans humanité, sans entrailles et sans foi, n'hésite pas à exploiter sans cesse son ignorance, à l'épaissir encore à l'aide d'ouvrages du dernier ordre, de publications à vil prix qu'elle lui impose sous le titre sacrilége de *littérature populaire*.

Le bon marché, qui devrait être le vrai moule des chefs-d'œuvre modernes, n'a guère servi jusqu'à présent qu'à propager le faux, le vulgaire, le mauvais.

Ce que lit la masse indiquerait donc bien plutôt une décadence qu'un progrès dans l'esprit littéraire de notre temps ; mais ce n'est pas là qu'il faut le chercher encore.

On doit comme par le passé et jusqu'à nouvel ordre l'observer, surtout dans le cercle des lecteurs choisis, des hommes éclairés qui déterminent le principe, l'esprit, et même les conditions matérielles d'une littérature.

Ceux-là vous disent :

— Auteurs modernes, ne vous étonnez pas si nous vous refusons presque absolument notre confiance, et si généralement nos bibliothèques sont rigoureusement murées, à partir du dernier siècle, ou tout au plus du commencement de celui-ci.

Quelles sortes de livres nous donnez-vous ? Des livres qui n'en sont pas le plus souvent, de votre propre aveu ; des assemblages fortuits de fragments, des résidus de journaux, des choses improvisées au jour le jour, jamais digérées; éparpillées à l'aventure dans le champ d'une publicité qui depuis longtemps n'a plus ni règles ni limites.

Où est la littérature actuelle? comment la saisir au milieu de ce tourbillon incessant de productions de toute espèce: romans, histoires, voyages, fantaisies, récits à perte de vue, articles grands ou courts? Parmi tout cela, de loin en loin quelques ouvrages dits *sérieux* qui ont bien soin de revêtir la forme la plus ennuyeuse, la plus répulsive, comme pour dégoûter le public de tout ce qui n'est pas la fantaisie même du moment.

Il est un fait que personne ne contestera : on lit encore les modernes quelquefois, mais à coup sûr on ne les achète pas.

A qui la faute? si ce n'est aux écrivains eux-mêmes qui se sont placés de gaieté de cœur sur un niveau si inférieur à leurs devanciers, non-seulement pour ce qui est de la composition des œuvres, de la dignité générale de la publicité, mais aussi sous le rapport de l'attitude morale, de la considération de l'homme de lettres, qui est si gravement compromise tous les jours par tant de manœuvres mesquines et mercantiles ; un escamotage perpétuel de gloire et de succès ; un écho de charlatanisme et de prospectus que l'on entend résonner comme un cliquetis irritant au fond de toutes les renommées; le vrai talent partout froissé, méconnu; la médiocrité hissée sur le pavois avec ovation

et fanfares ; une critique sans élan, sans initiative
généreuse, absorbée entièrement par les amitiés et
les influences, et qui n'a jamais su tendre la main à
l'inconnn ou au malheur ; une invention aux abois
qui depuis longtemps n'invente plus ; une philosophie
qui ne pense pas, qui ne fait que traduire et tourner
dans le même cercle ; une histoire qui rabâche, com-
pile et délaye à perte de vue ; un théâtre qui en est arrivé à produire bon an mal an un certain nombre de
pièces soi-disant nouvelles, et toujours identiquement
les mêmes, absolument comme le moulin à vapeur ou
la mécanique à bas.....

Où sont les chefs-d'œuvre ? où sont les élans ? où sont
les idées ? où sont les hommes ? Écrivains d'aujourd'hui,
comparez-vous aux classiques d'autrefois, et dites vous-
mêmes si nous n'avons pas cent fois raison de leur donner toutes nos admirations et nos préférences ?

IV

A cela, les écrivains de maintenaut répondent :

— Vous en parlez, en vérité, bien à votre aise,
riches bourgeois de notre âge, capitalistes satisfaits ;
vous qui dépensez si aisément tous les jours de grosses
sommes pour une foule de babioles, de rogatons vaniteux, d'insipides antiquailles ; vous qui consentez à
payer si cher les fruits dans la primeur, les vins de

hauts crus avec la marque authentique, et qui avez
tant de peine à débourser la somme la plus chétive
pour un malheureux livre qui vient se jeter à votre
tête, presque toujours à vil prix !

Vous trouvez la littérature actuelle gaspillée, gal-
vaudée, commerciale ; allez, vous ne direz jamais d'elle
autant de mal qu'elle en pense elle-même.

L'intelligence contemporaine a cela de remarquable,
qu'elle est généralement fort supérieure à tout ce
qu'elle produit.

Est-ce que tous les écrivains de notre temps, doués
d'un peu de goût, de tact et de raison, ne jugent pas
leur propre bagage bien plus sévèrement encore que
le public ? Est-ce qu'ils ne jetteraient pas au feu de bien
bon cœur les trois quarts au moins des choses qu'ils
ont imprimées ?

Qu'est-ce qui ose croire aujourd'hui à *ses œuvres
complètes ?* Quel est l'illuminé, le vaniteux ou plutôt le
suranné, qui peut conserver de semblables illusions ?
Il y a bien longtemps déjà que la saison des *œuvres
complètes* est passée. Vous ne voyez donc pas ce qu'est
notre siècle, comment il pense, lit et compose ?

Est-ce que tous les esprits actuels ne sont pas forcés
d'avoir incessamment à leur service deux ou trois littératures multiples comme les vérités de Figaro,
deux ou trois plumes qui fonctionnent à la fois comme
les roues d'une même usine ; l'une pour l'épicerie
proprement dite, qui paye souvent bien plus cher

qu'elle ne devrait les choses qu'on lui destine ; une autre pour le bourgeois ami de l'ordre et de la vertu, et qui déjà paye un peu moins cher; une autre pour la classe riche, relevée, qui souvent ne paye pas du tout; une autre enfin, la plus chère et la plus précieuse de toutes, pour quelques connaisseurs, quelques artistes, quelques amis de choix que l'on cultive dans ces moments si rares de calme et de loisir que vous laisse un siècle aussi singulièrement exigeant, égoïste, absorbant et en même temps, il faut bien le lui dire en face, une fois pour toutes, aussi avare que le nôtre ?

Vous vous plaignez de ce qu'il n'y a plus d'artistes actuellement; étonnez-vous plutôt qu'il y en ait encore un si grand nombre dans un temps où l'on paye si cher les cachemires et si peu les choses de l'esprit!

Ah! c'est là un détail bien futile sans doute, bien mesquin et répugnant à consigner; mais encore faut-il qu'ils vivent ces écrivains tant accusés, tant critiqués.

Est-ce vous qui vous chargerez de les faire subsister, coryphées des aristocraties financières modernes, qui ne vous faites parfois aucun scrupule de vous prêter les uns aux autres tel ouvrage nouveau dont un seul exemplaire dessert toute la famille, toutes les relations?

N'est-il pas juste que les écrivains ne se consacrent plus comme autrefois à des œuvres condensées, recueillies, destinées à une chasse spéciale de lecteurs, mais à la masse qui leur impose tantôt une histoire, tantôt un article de journal, tantôt un roman, tantôt une pièce de théâtre, au gré de ses innombrables et si souvent insaisissables fantaisies?

Et pourtant, au milieu de tout cela, que d'idées surnagent encore, que de grandes et bonnes œuvres créées dans des conditions d'excitation fiévreuse, de nécessité hâtive, de dévouement vraiment littéraire qui en doublent le mérite et qu'on apppréciera à leur juste valeur, comme toujours, quand les hommes n'y seront plus !

V

Lorsqu'on parle de ces fameux classiques d'autrefois, on oublie toujours un fait bien essentiel pourtant à noter si on veut les juger avec équité par comparaison aux modernes ; c'est qu'ils ont été, pour la plupart, domestiques de rois ou salariés de grands seigneurs.

Veut-on que les modernes reprennent ce joug-là? Faut-il que nous essayions d'avoir, nous aussi, des chefs-d'œuvre, à la condition de voir nos écrivains ramper sous des faquins dorés et titrés, se condamner, comme dans le bon temps, à acquitter le prix de leurs pensions avec de misérables épîtres dédicatoires remplies de monstrueuses flatteries, de plates hyperboles, qui seront toujours la honte des lettres?

Non, des chefs-d'œuvre à ce prix-là, personne n'en veut plus. Les plus beaux vers du monde ne sauraient racheter actuellement une platitude. Périssent toutes les littératures plutôt que la dignité humaine !

Toutefois, il est bien certain que la substitution du joug de l'industriel, du commerçant, à celui de l'ancien Mécène aristocratique, doit produire dans les lettres des changements considérables.

Tout se trouve révolutionné : le mode de publicité, le but de l'œuvre, le point de vue des productions et aussi des jugements.

C'est pourquoi il nous semble que les écrivains d'aujourd'hui, lorsqu'ils se critiquent les uns les autres, ne peuvent guère le faire sans rire. Ils connaissent trop bien les nécessités et les tyrannies contemporaines de leur propre métier, pour ne pas savoir que les erreurs de goût, d'art ou de style, que l'on relève dans une foule de productions, sont le plus souvent bien moins les fautes de l'auteur même que le fruit des exigences d'un certain public.

La littérature française, jusqu'alors si réglementée, si académique, livrée ainsi brusquement à elle-même, ne peut manquer d'éprouver d'abord bien des crises, des secousses étranges. On la croirait perdue pour l'instant, peut-être ne fait-elle que se transformer.

Les littératures ont toujours été exclusivement aristocratiques jusqu'à ce jour; pourquoi ne deviendraient-elles pas démocratiques?

— C'est impossible, disent les découragés ou les superstitieux de l'ancien temps. — Essayons toujours, disent les gens de foi et d'avenir.

VI

Mais d'abord, convenons d'un fait bien connu, du reste, des personnes qui ont un peu réfléchi sur les origines des idées littéraires; c'est que tous les siècles ne sont pas faits pour avoir également une littérature, surtout une certaine littérature officielle et classique.

Les monarchies, les aristocraties, peuvent toujours en avoir une, en se la commandant; — donnez-nous des pensions et des sinécures, nous vous ferons des classiques.

Les dithyrambes-flagorneurs, les tragédies de fabrique, les poëmes d'adulation et d'apparat, ne manqueront jamais à aucun temps. A défaut des Horace, des Virgile, des Boileau, des Racine, on aura les copies, les doublures. Après les classiques supérieurs, les consacrés, viendront les faux classiques, les *alexandrins*, les imitateurs, « *sot bétail,* » a dit La Fontaine.

La France, dans les dernières années de la Restauration, et au moment où le romantisme éclata, en était depuis trop longtemps déjà au régime des faux classiques.

Cette révolution du romantisme, très-juste au fond, mais souvent très-vague et très-fausse dans l'application, et d'ailleurs bien moins révolutionnaire en réalité qu'on ne l'a cru, a produit à la fois beaucoup de bien et beaucoup de mal.

Elle a semé une grande confusion dans les idées du public et aussi des écrivains venus à la suite d'un mouvement si vite comprimé.

Les esprits qui ont succédé n'ont plus trop su à quelles branches artistiques, littéraires, et même philosophiques et morales se raccrocher, faute d'avoir été à même de distinguer le côté moderne et le côté rétrograde, l'innovation sincère, légitime, de l'innovation artificielle, mensongère ou à rebours; deux éléments contraires qui se sont croisés constamment dans cette crise romantique encore si peu comprise à l'heure qu'il est.

VII

Oui, certes, il était bien temps d'en finir avec ces vieilles machines tragiques, grecques et romaines, qui n'étaient plus depuis longtemps déjà qu'une routine insupportable, une rhétorique usée et déclamatoire; de même avec ces comédies à la glace, si régulièrement ennuyeuses et sermonneuses, toute cette littérature vide et morte qui n'était plus,-en aucune façon, à la hauteur des idées d'un peuple qui avait déjà fait une révolution, et se préparait à en faire une seconde.

Le public demandait à grands cris quelque chose de plus vivant, de plus actif que tout ce qu'on lui avait servi sous l'empire et la restauration. Quel dommage que l'innovation n'ait pas été alors poussée à bout, qu'on n'ait pas profite de ce besoin de mouvement et de nouveauté qui dominait tous les esprits, pour divorcer entièrement avec le passé!

La fameuse phrase, *Racine est un polisson*, authentique ou non, a été une bravade inutile, un épouvantail plutôt nuisible qu'avantageux. Si on eût dit : *Racine est un courtisan*, en eût dit quelque chose de plus vrai, et en même temps de plus réellement profitable à la révolution des lettres et des idées.

Racine, malgré son immense mérite, toutes les perfections de son style qu'on ne saurait trop étudier, est pour nous, avant tout, un courtisan; il représente un génie entièrement marqué à l'effigie du siècle de Louis XIV. Les idées modernes élèvent une barrière infranchissable entre nous et tout son monde de princes, de princesses, de héros, de confidents qui roule sur un fond indifférent, factice et souvent même presque inintelligible pour nous.

Non, Racine n'est pas un polisson, mais à coup sûr, c'est un obstacle, toutes les fois surtout qu'on voudra le faire descendre de ses nuages sublimes, lui et les autres, pour fermer les avenues des vivants. On aura raison alors de les rejeter impoyablement, ces sublimes despotes littéraires, aux rangs des dieux qui n'ont plus le droit, sous aucun prétexte, de venir se mêler aux combats des mortels.

Après tout, nous ne pouvons pas toujours faire de la littérature, du style, de l'invention, pour obtenir des succès d'estime dans l'Olympe du temps de Louis XIV.

Du jour où on ne jouera plus du tout Corneille, Racine, même Molière, le dernier des classiques, il ne faudra pas pour cela nous frapper la poitrine avec désespoir, en nous figurant que tout est perdu. Les bibliothèques ne sont apparemment pas inventées pour rien.

On ne les jouera plus, ce n'est pas une raison pour qu'on cesse de les lire; au contraire! On les lira d'autant mieux qu'on cessera de les jouer à contre-sens et à contre-cœur.

VIII

Malheureusement, le romantisme, dans sa guerre contre les classiques, s'attacha plutôt à la forme qu'aux idées. La forme était précisément le point où les classiques étaient à peu près invulnérables.

Les choses qu'ils ont dites, il est difficile de les dire mieux qu'ils n'ont fait, avec plus d'élévation, de charme, de justesse supérieure; de pousser plus loin l'art d'écrire, si toutefois écrire est un art, si ce n'est pas plutôt un sentiment, un don, l'âme, la vie tout entière.

Le romantisme crut beaucoup trop à l'*art* absolu, abstrait, dans le sens allemand. Il inventa la doctrine de l'*art pour l'art*, dont on connaît les funestes effets.

Il s'imagina aussi qu'il fallait refaire la langue française, *la retremper*, *la rajeunir*, comme on disait alors;

elle était toute retrempée et toute rajeunie, cette bonne vieille langue française; les vraies idées, les vraies inspirations ne l'avaient jamais trouvée en défaut.

On annonçait une révolution, et on se lança dans la vieillerie, dans l'exhumation à perte de vue. On crut que le passé était mal exploré; on se mit à y faire toutes sortes de fouilles dans tous les sens. On exalta sans fin le moyen âge. On se pâma d'aise devant tout ce qui s'appelait légendes, fabliaux, vieux mémoires, vieilles chroniques, vieux contes, armoiries, écussons, blasons, parchemins, vieilles poésies.

Les astres de cette barbare pléiade du seizième siècle, les Ronsard, les Baïf, les Dubartas furent remis sur le pavois avec toutes sortes d'honneurs; avec eux toutes les formes de poésies puériles et justement décriées, les sonnets, les virelais, les ballades, les odelettes, tous ces ennuyeux casse-tête de l'imagination.

On voulut en même temps avoir de la grande poésie, sublime, orientale, dans le goût prophétique et nuageux, qui n'a jamais pu prendre en France.

On décida qu'on devait toujours rimer richement dans une langue qui a déjà bien de la peine à rimer suffisamment et raisonnablement. On eut, il est vrai, beaucoup de rimes riches, mais aussi bien des chevilles, des absurdités et des non-sens rhythmiques.

Ce goût de l'archaïsme eut le déplorable résultat de nous rejeter systématiquement et révolutionnairement dans le passé.

On célébra sur tous les tons les monuments gothiques, les cathédrales gothiques, les abbayes, les cloîtres, les clochetons gothiques. Le gothique devint une trouvaille sublime, un culte suprême et universel.

Ainsi, ce mouvement entrepris au nom du progrès et du nouveau se réduisait en grande partie à une croisade en faveur des ruines, des reliques, de tous les fétiches et attributs du moyen âge, qui a été avant tout, quoi qu'on puisse dire, l'ère de la superstition du faux goût et de la barbarie.

IX

On avait eu le tort en France de négliger beaucoup trop jusqu'alors les littératures étrangères, et de s'imaginer que le monde des lettres et des idées finissait entièrement aux frontières de nos classiques.

Le romantisme a rendu le service réel de fixer l'attention du public français sur les Allemands, les Anglais, les Italiens, les Espagnols, qui certes méritaient, sous bien des rapports, d'être rapprochés de nous !

Toutefois, plusieurs de nos qualités natives s'altérèrent ou périrent à ce contact; la franchise de l'expression, la grâce, l'esprit, la clarté, la concision, toutes choses qui tiennent à notre sol comme notre gaieté, comme nos vins, et qu'il faut bien nous garder de laisser étouffer jamais sous l'élément étranger.

Ce fut alors qu'on vit se déployer dans une certaine prose prétentieuse et contournée cette longue phrase flottante, entortillée, interminable qui, semble modelée sur la période allemande, et charrie sans cesse dans son cours une foule de parenthèses, de périphrases, de restrictions, de circonlocutions, si bien faite, du reste, par sa contexture à la fois oblique et tortueuse, pour obéir à tous les jésuitismes de la forme et à toutes les évolutions de la pensée.

On avait inventé cette phrase nouvelle pour protester contre la phrase de Voltaire, *sèche et saccadée*, comme on disait (le romantisme a beaucoup attaqué Voltaire).

On peut faire au style de Voltaire tous les reproches que l'on voudra, mais il en est un, à coup sûr, qu'on ne lui fera jamais, c'est d'avoir ennuyé le genre humain.

On vanta beaucoup Shakspeare vers 1830, mais on ne l'imita guère; peu d'esprits surent dérober les secrets de cette divine et immortelle fantaise.

On s'attacha bien plutôt à des inventeurs secondaires, entre autres à Walter Scott, romancier plutôt habile, adroit, que vraiment supérieur, grand seulement dans un certain milieu social, étoffé et routinier, qui aime, avant tout, les conceptions mécaniques et régulières. Walter Scott est l'Homère du bourgeois.

C'est à lui principalement que nous devons cet affreux genre historique, si faux, si bâtard, dont nous

sommes encore inondés aujourd'hui par moments.
Nous retrouverons, du reste, Walter Scott et son influence au chapitre du théâtre.

X

On conçoit bien qu'il n'est nullement question ici
de faire l'histoire du romantisme, qui eut, à côté de
ses défauts, des qualités de séve, d'audace et d'éclat
qu'on n'a jamais songé à lui contester. Il s'agit seulement de noter son influence sur les mœurs en général,
les impressions particulières qu'elles ont reçues de lui.

Les chefs du romantisme, hommes de talent, mais
hommes de parti littéraire avant tout, et pour la plupart plutôt beaux esprits que philosophes et citoyens,
contribuèrent beaucoup, avec leur incompréhensible
amour du vieux et du rétrospectif, à repousser en arrière
les principes, les goûts, le sentiment général du public.

On était encore en pleine restauration au moment
où le romantisme éclata ; le parti religieux, qui était
loin d'avoir abdiqué, ne demandait pas mieux que de
voir les esprits et les mœurs reprendre le chemin du
gothique et du moyen âge sur les pas d'une prétendue
innovation : jamais croisade artistique et littéraire plus
favorable à ses intérêts.

La complicité du romantisme avec le néo-catholicisme suffirait pour marquer sa ligne en dehors de toute innovation réelle.

Il continua dans cette voie funeste en se détachant de la révolution. Au lieu de comprendre qu'il n'y avait plus désormais d'art, de littérature, de véritable originalité que dans le peuple ou dans ce qui doit en sortir un jour, il aima mieux s'accrocher à toutes sortes d'insignes et de hochets aristocratiques, réintégrer à grands frais de couleur locale une foule de prestiges, de prétentions du passé.

On ne peut nier qu'on n'ait dû en partie au romantisme le retour du *gentilhomme*, du *marquis*, du *mousquetaire*, de beaucoup de types anciens qu'on avait pu croire bien et dûment enterrés depuis la période révolutionnaire.

Le Français moderne se fut refait volontiers, à un certain moment, page, varlet, troubadour, damoisel, jongleur; abbé de cour, toutes les fantaisies, toutes les folies engendrées par la manie du costume, la préoccupation de la mise en scène et de la friperie d'autrefois.

On se mit à croire de nouveau aux petits soupers, aux petites maisons, aux grands seigneurs, aux folles grandes dames, aux folles nuits, aux folles intrigues, aux folles sérénades, aux folles maîtresses.

L'orgie avait perdu ses titres depuis la révolution; la littérature de 1830 les a retrouvés.

XI

Mais dans ce qu'on peut appeler le côté usuel et pratique des mœurs littéraires courantes, comment ne pas reconnaître encore à présent la trace profonde et si souvent funeste du romantisme?

L'ancien homme de lettres français avait toujours brillé par la bonhomie, le désintéressement, la modestie au moins apparente, l'art de s'effacer et de s'oublier au milieu d'un monde, qu'il ne domine jamais mieux qu'en se mettant au-dessus de ses prétentions et de ses glorioles.

Le romantisme vint changer tout cela. Il inventa l'outrecuidance, l'art de parler de soi sans fin, de crier ses propres louanges par-dessus les toits, par sa bouche ou, ce qui revient au même, par celle de ses amis. On posa en principe qu'on devait entrer dans les lettres le poing sur la hanche, tout botté, tout équipé, précédé de prime abord d'une immense renommée, imposée au public à coups de cravache et d'éperons. On s'institua homme de génie par brevet signé de soi-même.

Il fut convenu qu'on pouvait poursuivre la popularité par toutes sortes de scandales, de coups de trompette; souvent par les signes extérieurs les plus ridicules. Alors fut inventée la réclame, la hideuse réclame qui nous a déjà fait tant de mal et menace de défigurer

entièrement notre caractère national, de nous convertir en un peuple de jongleurs et de charlatans.

XII

A lui donc, à ce mouvement romantique, mêlé de
tant d'extravagance et d'orgueil, la responsabilité de
ces popularités tapageuses, toutes composées de gas-
connade grotesque, d'individualisme effréné, renommées de cirage et de vulnéraire suisse, dont nous ne
connaissons que trop les tristes spécimens, et qui prouvent à quel degré d'abaissement le talent peut descendre
quand il n'a plus d'autre mesure que l'excès de la vanité, quand il a perdu le sens moral littéraire, qui n'est,
dans bien des cas, que le sens de la modestie même.

Les romantiques, sous prétexte de rompre avec les
vieilles règles, les vieilles routines, ont rompu trop souvent avec toutes les vieilles bienséances. A force de se
draper, de mettre le poing sur la hanche, ils ont créé
l'emphase moderne, l'enflure de la phrase, la rodomon-
tade du style et du maintien, toutes sortes d'affectations
et d'aspérités choquantes, si contraires à notre vieux
grand goût français.

Ils n'ont pensé qu'à eux-mêmes, à leur importance
du moment, sans songer à ceux qui viendraient après
eux et qui chercheraient tout naturellement à suivre
leurs traces et à imiter leurs allures.

Quand ils ont dit partout et sur tous les tons : — Nous sommes jeunes, nous sommes grands, nous sommes forts ! ils n'ont pas prévu que ceux qui leur succéderaient pousseraient les mêmes exclamations, sans avoir leur éclat, ni leurs ressources d'achalandage.

Ils n'ont pas compris qu'ils allaient faire éclore toute une génération de jeunes poëtes, brunisseurs et polisseurs de mots, à leur exemple, qui voudraient, eux aussi, se poser en novateurs, avoir leur agitation de rhythmes et d'hémistiches, dans des temps absolument différents; toute une race de faux jeunes gens, plus secs et calculés souvent que des vieillards, ridés avant l'âge par l'ambition et l'amour-propre, qui, sous prétexte de rénovation et de jeunesse, prétendraient à tout propos qu'on leur barre les avenues, qu'on éteint devant eux les lumières de la gloire, comme si le public ne luisait pas pour tous; une foule de petits cénacles, incapables de patience et de dignité, révolutionnaires à froid, turbulents à vide, jetés dans un moule bien vieux aujourd'hui de jactance et de prétentions, et qui ne sont autre chose que les rejetons en ligne directe du grand cénacle romantique.

XIII

Du reste, pour juger un parti, il faut l'attendre à son point d'arrivée, voir l'attitude que les hommes savent garder après la lutte.

Il faut bien le dire : la plupart des romantiques ont mal fini; ils ont renié leur drapeau, démenti leurs principes à un certain moment de leur carrière.

Après avoir tant crié : — Guerre aux traditions! Guerre aux perruques! Guerre aux académiciens! ils ont fini par s'engager eux-mêmes dans le camp des traditions et des perruques, par rechercher les honneurs surannés des chaises curules, par subir le joug des visites et le harnais des harangues officielles.

Ils n'ont rien réformé, rien détruit en réalité, ni les vieux corps littéraires constitués, ni les anciens théâtres privilégiés, ni aucun des abus qu'ils n'attaquaient avec tant de violence, que parce qu'ils y voyaient avant tout un obstacle à leurs ambitions.

Ils auraient volontiers dit à un certain moment à ceux qui venaient derrière eux :

« Amis, assez de trouble et d'agitation comme cela ; redevenons réguliers, calmes ; la farce est jouée ; nous sommes de l'Académie française... »

XIV

Et nous en sommes là maintenant, suspendus entre des retours de classicisme qui s'efforcent de nous ressaisir par moments avec des appels onctueux et papelards à la petite morale égoïste et mesquine, à la fausse tradition littéraire, à l'ennui en cinq actes et en vers; et puis les dernières convulsions du romantisme qui essaye encore de temps en temps de se tordre et de rugir dans le vieux moule d'il y a trente ans.

Placés entre ces deux extrêmes aussi dépassés l'un que l'autre, nous avons l'air présentement de ne plus avoir du tout de littérature. Il est vrai, l'ancienne, l'envieillie s'en va tous les jours par bribes et lambeaux; mais faut-il donc tant la regretter?

Vienne la société nouvelle; que les mœurs, les relations véritables et sincères de notre siècle parviennent enfin à s'établir, et vous verrez si nous manquons en France d'écrivains pour les peindre et de public pour s'y intéresser!

Plaignez-vous donc, poëtes futurs, inventeurs de l'avenir! grâce au monde inconnu et si vraiment original que doit vous ouvrir la masse éclairée, éduquée, vous avez devant vous toute une mine de poëmes merveilleux, de fictions, de comédies bien autrement saisissantes que toutes celles que la peinture des aristocraties, si usée maintenant, a pu vous fournir jusqu'ici.

Mais, dit-on, en attendant, que faire! à quel principe se rattacher? Faut-il rejeter décidément Racine et Boileau? Faut-il essayer de nouveau de copier les étrangers, comme on a fait en 1830?

Non, il ne faut plus nous mettre à la remorque des étrangers, cela ne nous a pas assez réussi : nous étions dans un temps beaucoup trop grecs et latins. Nous nous sommes trouvés ensuite beaucoup trop vénitiens, andalous, flamands, écossais, scandinaves, etc...; nous avons les perruques romantiques actuellement aussi bien que les perruques classiques.

Il ne faut pas non plus dédaigner Racine et les autres. Il est bon de savoir les classiques par cœur, afin d'apprendre à ne plus jamais les copier.

C'est au tact de l'écrivain et de l'homme de goût à voir ce qu'il faut abandonner ou maintenir de ce grand édifice du passé. Comme on dit : — *Faut de la tradition, pas trop n'en faut.*

Mais quant à croire que l'art littéraire lui-même a faibli aujourd'hui, que nos ouvriers de la plume sont inférieurs sous le rapport de l'habileté pratique à ceux d'autrefois, c'est une erreur et une injustice, et on peut s'en convaincre en songeant seulement à l'immense dépense d'esprit, de verve, de talent, souvent même d'éloquence réelle qu'exige la production quotidienne et périodique.

Nous n'avons plus il est vrai des corrects, des concis, comme au dix-septième siècle, de ces écrivains dont l'œuvre complète peut tenir dans le chaton d'une bague, ce qui est la marque essentielle du classique. Nous avons en revanche d'autres qualités qui ont bien aussi leurs prix, et l'histoire non-seulement de la littérature proprement dite, mais aussi des idées et des lumières, en tiendra compte un jour à notre siècle.

8.

XV

Quant aux écrivains eux-mêmes, considérés dans leur condition morale et privée, c'est avec peine que l'on voit une certaine partie du monde, s'abandonner si volontiers à les dénigrer, à critiquer leur manière d'être, l'emploi de leur talents, sans vouloir jamais leur tenir compte des circonstances si difficiles où ils se trouvent placés.

Quand on pense, hélas! qu'on va parfois jusqu'à reprocher à l'homme de lettres actuel le chétif salaire récolté par lui avec tant de peine, à l'aide du travail intellectuel rétribué toujours d'une façon si dérisoire, sauf quelques exceptions, qui ne s'enrichissent généralement qu'en abandonnant le drapeau des lettres!

O vous, favoris de la chance et de la fortune, comparez un peu le budget de l'écrivain de votre temps avec celui du moindre boursier, et dites vous-mêmes si la proportion est égale!

A Dieu ne plaise que nous cherchions à exciter un sentiment quelconque d'apitoiement en faveur d'une classe trop fière de son émancipation récente, pour faire aucun appel à la sensibilité publique! Mais n'est-il pas permis de faire ressortir un peu ses qualités et ses mérites en face des censures et des injustices qu'elle rencontre si fréquemment?

Que de dignités cachées, de misères noblement sup-
portées dans ce monde littéraire à qui l'on finira bien
par rendre justice un jour ! Là sont encore les vrais
sentiments, les vrais dévouements, les consciences
pures et fermes. Les corruptions, les impuretés morales y sont plus rares que dans aucune autre sphère;
et dans tous les cas, s'il s'en produit par hasard, la ré-
probation unanime du corps ne manque guère d'en
faire justice.

XVI

Nous sommes, dit-on, à une époque où l'on ne
cherche plus absolument qu'à spéculer et à jouir; où
l'on ne songe tous les matins en s'éveillant qu'à deux
seules choses : le cours de la bourse de la journée et
la fille entretenue du soir.

Qui peut réagir contre cette tendance-là, si ce n'est
la classe intellectuelle qui, du moins, elle, n'est pas uniquement occupée à pétrir de la matière pour en ex-
traire de l'or ?

L'obligation de battre monnaie avec la plume et les
idées, de demander le pain de chaque jour à ce digne
exercice, n'est accepté par elle que comme une nécessité toute transitoire et contre laquelle elle ne cesse de
protester.

Ah ! si la littérature contemporaine pouvait se donner

et ne jamais se vendre, qu'elle serait satisfaite et glo-
rieuse !

XVII

Nous n'avons pas à faire ici le panégyrique des
hommes de lettres contemporains ; ils ne remplissent
que leur devoir après tout en agissant comme ils font.
Nous ne demandons pour eux qu'un peu plus d'impartialité de la part d'un temps où la littérature trouve si peu
d'encouragements et d'appuis réels, rien, plus même de
ces bruits, de ces discussions des salons d'autrefois,
qui soutenaient du moins et électrisaient parfois les esprits ; plus rien que l'indifférence qui dévore tout silen-
cieusement, dédaigneusement, sans jamais témoigner
pour quoi que ce soit de sympathie, ni d'enthousiasme.

Tôt ou tard les choses changeront sans aucun
doute ; le réveil littéraire se fera, mais c'est aux écrivains surtout qu'il appartient de le provoquer par la
dignité de leur attitude, le respect qu'ils se doivent les
uns aux autres, l'amour de leur divin métier, la foi
dans le principe social et moral qu'ils représentent.

Aussi, quand on leur dit : — Vous voyez bien que
vous faites un métier de dupes, ne faites plus la guerre
à vos dépens, rejetez vos plumes, prenez un carnet et
allez vous-en à la Bourse... ils ont bien raison de résister et de rester quand même à leur poste. Ils font

acte en cela de fermeté, de noble prévoyance et même,
disons-le, de patriotisme.

Non, quoi qu'on puisse dire, le temps des penseurs
et des écrivains n'est pas à tout jamais passé. Le peuple français ne peut vivre sans lettres ; il a en lui tout
un fond de sentiments délicats et relevés qu'on ne saurait satisfaire rien qu'avec la pâture industrielle et
mercantile.

Une France sans littérature, grand Dieu ! Mais c'est
comme si elle perdait deux de ses plus belles pro-
vinces !

CHAPITRE IX

LES THÉATRES

I

Veut-on voir quelque chose de bien suranné, de bien
encroûté, de bien enrayé, de bien rouillé ; quelque chose
qui devrait représenter le mouvement, le progrès, la
vie, l'originalité même, ce qui représente à peu près
constamment le rétrograde, le fossile, la routine hon-
teuse et incurable, on n'a qu'à considérer le théâtre
de notre temps.

C'est le plus beau foyer de toutes les vieilles traditions, les vieilles routines, les vieux préjugés, aussi les
vieux vices ; l'exemple frappant de l'extrême lenteur
que l'humanité met à avancer sur certains points.

On a dit de tous les temps que le théâtre était fait
pour corriger les mœurs ; mais il faudrait avant tout
qu'il commençât par se corriger lui-même. S'il doit
rester ce que nous le voyons déjà depuis si longtemps,
un débit de littérature vulgaire et médiocre, ou bien

tout simplement un sérail plus ou moins déguisé à l'usage de quelques désœuvrés jeunes ou vieux ; il est peu probable qu'il serve à corriger les mœurs ; il servirait bien plutôt à les entraver et à les corrompre.

En somme, tout a marché de notre temps, tout s'est renouvelé, industrie, sciences, institutions, machines, monuments, bâtisses, tout, excepté le théâtre, qui se trouve à l'heure qu'il est à peu près aussi avancé, aussi moderne que nous l'a transmis l'antiquité le plus reculée.

On en est à se demander parfois si le tombereau de Thespis n'est pas en progrès sur nous ?

II.

Mais d'abord, une question qui suivant nous domine toutes les autres : — En principe, à qui doit appartenir le théâtre ? Est-ce aux entrepreneurs de maçonnerie, aux spéculateurs, aux hommes d'argent, aux hommes d'État, aux comédiens ou bien aux gens de lettres ?

— Aux gens de lettres répondront aussitôt sans hésiter les esprits ordinaires qui ne se laissent égarer par aucune espèce de préjugés ni d'autorités traditionnelles.

Eh bien ! c'est juste le contraire qui se passe ; les théâtres aujourd'hui appartiennent à tout le monde, excepté aux gens de lettres.

Ainsi, prenons le premier de nos théâtres contemporains, le plus relevé de tous, celui qui par ses antécédents, son prestige, son titre seul, se trouve comme chargé de donner le ton de la gamme aux autres et de fixer le goût du public, le Théâtre-Français.

Qu'est-ce qui juge les auteurs au Théâtre-Français, qui est-ce qui contrôle les pièces, les corrige, les admet, leur permet d'arriver sous les yeux du public, est appelé enfin à exercer une action omnipotente sur la portion la plus essentielle, la plus relevée de la production dramatique contemporaine? Ce sont les comédiens.

En revanche, qui est-ce qui juge les comédiens? qui est-ce qui les désigne, les admet, les recrute? Ce sont les auteurs? — Pas du tout, ce sont les comédiens.

Ainsi, les comédiens jugent les auteurs, et ne sont pas jugés par eux.

Ce seul détail indique assez la position incompréhensible de défaveur, et, on peut le dire, d'abaissement, que l'on a cru devoir créer de nos jours à la littérature.

III

C'est ici avant tout une question d'égards et de forme, mais qui n'est pas précisément indifférente. La littérature vit surtout de bienséances dont elle est l'expression la plus pure et la plus relevée.

Comment! voici tel jeune acteur sorti depuis un demi-
lustre à peine des bancs du Conservatoire, tel autre qui
arrive de la province, où il a reçu sans doute le précieux baptéme des sifflets, auquel Molière lui-même
n'a pas échappé, et parce qu'il se trouve revêtu du
titre de comédien privilégié, il va se voir appelé à se
prononcer en quelques instants et en dernier ressort,
sans appel, dans l'intervalle si court et si troublé qui
sépare la répétition du matin de la représentation du
soir, sur le mérite d'une œuvre qui a coûté souvent de
longues années de réflexion, de travail, à un homme
de talent et d'étude!

Ils sont bien heureux, en vérité, de pouvoir se lancer
ainsi à brûle-pourpoint dans ces verdicts qui engagent
si gravement la conscience et les lumières des juges!
Certes, les plus expérimentés, les plus fins connaisseurs entre les lettrés, reculeraient devant une justice
aussi expéditive.

On comprend bien qu'il ne s'agit nullement ici de
rabaisser l'intelligence ni le sens des comédiens en général; ils sont hommes après tout, et tout aussi aptes
par conséquent que beaucoup d'autres à juger une
pièce, surtout au point devue de la recette et du goût
du public courant. C'est une simple question de convenance et aussi de compétence artistique que nous
agitons.

Nous disons qu'il n'est pas bon en principe, qu'il
est contraire aux mœurs et aux idées modernes que des

comédiens jugent des auteurs. Ils ne sauraient avoir, malgré tout leur bon vouloir, le degré de réflexion, de recueillement, de loisir que nécessite une fonction aussi délicate. Il y a d'ailleurs quelque chose qui choque le bon sens et le goût, de les voir quitter la livrée comique pour endosser la toge de l'Aristarque.

— Mais, disent-ils, vienne un chef-d'œuvre, et vous verrez si nous le laissons échapper?

Il est bien question en vérité de chefs-d'œuvre ! Qui est-ce qui en fait aujourd'hui? Qui est-ce qui se livre à ce genre de production complétement gothique et tombé en désuétude?

Il ne s'agit pas non plus de l'œuvre recommandée par des succès antérieurs; il s'agit de la production inconnue, inattendue, en dehors des conventions, des antécédents, pleine de défauts si l'on veut, mais qui peut-être aussi étincelle de beautés, et qui aurait besoin avant tout de juges hardis, prime-sautiers, indépendants de toutes les questions de pratique et de spéculation; dociles à toutes les gammes, à tous les caprices de ce sublime clavier du théâtre et de l'invention auquel on ne saurait accorder trop de latitude et de liberté.

La main sur la conscience, croyez-vous que les comédiens se trouvent dans ces conditions-là?

IV

Mais laissons de côté les intérêts des gens de lettres; qu'importe après tout qu'on les rabaisse, qu'on les froisse? Voyons les intérêts de l'art et du public lui-même.

Parlez tant que vous voudrez de traditions, de prérogatives, de titres acquis, de droits, de priviléges qui remontent au règne de Louis XIV et au delà! tout cela ne fait rien au fond des choses.

Qu'est-ce au résumé qu'une pièce de théâtre? Un auteur qui invente et un acteur qui interprète; tout se réduit là.

Mais si c'est l'interprète qui juge l'inventeur, et s'il n'est lui-même jugé par celui-ci que lorsqu'il n'est plus temps, c'est-à-dire lorsqu'il tient le pouvoir; il est clair que tout est bouleversé, confondu, perverti.

Le comédien, qui ne peut abjurer après tout sa personnalité artistique et théâtrale, reçoit avant tout les pièces adaptées à son talent, et bien plus souvent à ses défauts qu'à ses qualités, car nul acteur, si supérieur qu'il soit, n'est dans le secret de son talent scénique.

Alors, vous tombez dans les pièces dites d'*acteurs*, c'est-à-dire dans le vulgaire, le banal, le métier.

Y a-t-il un rôle pour le comédien un tel? Là se résume toute la question littéraire et dramatique.

Les acteurs, surtout à mesure qu'ils deviennent importants, n'aiment guère à sortir de leurs routines. Ce qu'ils ont joué une fois, il faut qu'ils le rejouent sans cesse. Ce n'est pas trop de l'inspiration de l'auteur, d'une impulsion toute indépendante de la leur pour les forcer à courir sur les planches des risques nouveaux et à quitter un peu leurs ornières.

Mais, s'ils usurpent eux-mêmes cette impulsion-là, il est clair que l'initiative littéraire disparaît complétement; l'auteur est absorbé par l'acteur; au lieu d'un théâtre actif, vivant, vraiment intellectuel, vous n'avez bientôt plus qu'un théâtre timide, arriéré, enchaîné à des exigences privées qui sont bien rarement d'accord avec celles du progrès de l'art.

V

— Mais quoi? dira-t-on, est-ce qu'il n'est pas bon qu'il y ait en France un théâtre desservi par de très-bons acteurs, jouant des œuvres distinguées, choisies, mises autant que possible à la hauteur d'un public d'élite, capable d'apprécier autre chose que d'insipides vaudevilles taillés à la mécanique ou des mélodrames de pacotille?

— Comment donc! il est très-bon qu'il y ait un théâtre sur un tel pied; il faudrait même qu'ils y fussent tous. Ils ne s'y disposent malheureusement guère pour la plupart. Mais, en attendant, tâchons du moins de conserver le peu de théâtre intelligent et littéraire qui nous reste; sauvons-le de la fausse tradition et du préjugé rétrograde.

Il y a des moments sans doute où il devient bien difficile sinon presque impossible de l'appeler le *Théâtre-Français*; c'est-à-dire le *théâtre* par excellence; quand tous les cerveaux spéculent, quand tous les esprits sont absorbés par la bourse, la spéculation, le fanatisme de l'argent et des intérêts industriels; quand il semble qu'il n'y ait plus de public ni de littérature nulle part.

Mais c'est précisément dans ces moments-là qu'il convient surtout de réagir et de changer les rouages d'une antique machine qu'il faut absolument renouveler de fond en comble, si on veut en tirer un parti quelconque.

Les démolitions intellectuelles et morales sont parfois aussi urgentes que les démolitions matérielles; mais ce ne sont pas celles qui s'exécutent le plus vite en France, le pays à la fois le plus hardi et le plus timide du monde.

On a calculé qu'il fallait un siècle en moyenne pour qu'un abus signalé chez nous fût réformé dans la pratique; ainsi, nous ne nous faisons nullement illusion. Il est de ces granits inamovibles contre lesquels viennent se briser incessamment tous les efforts de la raison, du goût et de la critique comme les vagues irritées contre les écueils de l'Océan; le Théâtre-Français représente un de ces granits-là.

Nous reviendrions au vingtième siècle que nous le

retrouverions assis toujours sur ses mêmes bases, fidèle
à ses mêmes errements de comité, de hiérarchie, de
répertoire ancien et nouveau... Mais ceci n'empêche
pas de dire la vérité quand l'occasion s'en présente.

VI

Voyez pourtant comme la donnée est fausse !

Le Théâtre-Français n'obtient pas de succès, ne fait
pas de recettes ; tout de suite on lui jette à la tête les
autres scènes secondaires qui obtiennent si souvent des
succès populaires et productifs, et qui n'ont ni son
prestige ni ses ressources.

Au contraire, il obtient des succès, il arrive aux
grosses recettes... « Ah ! ce sont des succès de vaudeville et de métier ! Le Théâtre-Français abjure sa dignité, méconnaît sa mission ; est-ce qu'il est institué
pour battre monnaie comme un théâtre de vaudeville
et de mélodrame ? » etc... C'est constamment la fable
du *Meunier, son Fils et l'Ane.*

Les comédiens refusent une pièce qui a peut-être du
mérite, qui peut-être n'en a pas du tout, mais enfin
qui s'en va réussir ailleurs. Quels reproches ! quels
anathèmes dans toutes les bouches ! — Dieu ! les ignorants, les vandales, qui osent repousser des productions grosses de si beaux triomphes ! Dieu ! l'aréopage
de la rue Richelieu éternellement ténébreux, plein

d'aveuglement, de préventions, de partis pris, etc.

Ils sont bons princes, au contraire, ils consentent à jouer des pièces médiocres, mauvaises même, ne fût-ce que pour prouver qu'ils ne sont pas, après tout, si Turcs qu'on veut bien le dire. — Comment! ce sont là les œuvres de votre choix? C'est là votre littérature? Ah ça, vous avez donc perdu le jugement, la raison, etc.

Tout cela paraît bien contradictoire, non pas autant pourtant qu'on pourrait le croire, si on veut aller au fond des choses.

Le public a toujours, malgré tout, un bon vieil instinct lucide qui ne le quitte guère et le rend sourdement hostile à toutes les anomalies, à toutes les vieilles coutumes surannées qui veulent s'imposer à lui, en dépit du progrès du siècle.

Il comprend combien ce tribunal de comédiens, créé pour des temps tout différents du nôtre, jure aujourd'hui avec nos principes et nos habitudes. Il est toujours enchanté de pouvoir le prendre en faute et de lui prouver à lui-même son incompétence.

Les comédiens français, qui ont du goût, du jugement et aussi le vrai sentiment de leur art (il n'en manque pas parmi eux), doivent sentir eux-mêmes, tout intérêt de position matérielle mis de côté, combien cette responsabilité dramatico-judiciaire, qui pèse sur eux, est contraire à leurs intérêts d'artistes bien entendus.

On a beau dire, quand on a fait le métier de juge le

matin et condamné une pièce à mort, on ne peut pas
être gai et amusant le soir.

Ce cumul de deux fonctions contradictoires répand
sur toute la face du théâtre une teinte uniforme de solennité et de pédanterie qui l'alourdit, l'assombrit
trop souvent !

Le comédien qui se trouve érigé en arbitre suprême
de la littérature dramatique perd nécessairement sur la
scène de son charme et de sa grâce ; c'est bien moins
un acteur qu'un personnage quasi-officiel. Le public
n'ose plus l'applaudir que gravement, doctoralement ;
c'est comme une jurisprudence, une magistrature, un
sacerdoce qu'il croit voir sur les planches.

VII

Mais voyons, vous qui vous chargez aujourd'hui de
juger et de régir la littérature dramatique, dites-nous
donc au moins où elle est ?

Bien fin, en vérité, celui qui pourrait nous la définir et se chargerait de nous rédiger actuellement une
poétique théâtrale quelconque, avec cette constante
mobilité du goût du public, dans cette confusion inouïe
des genres, toutes ces inventions scéniques si différentes de ton, de forme et de nuances que nous voyons
sans cesse paraître et disparaître comme des étoiles
filantes à l'horizon de la scène !

Où sont les modèles à suivre ? Quel système adopter ?

Personne n'en sait rien ; le théâtre est une perpétuelle loterie ; on ne sait le plus souvent ni pourquoi on y réussit, ni pourquoi on y tombe, et c'est en cela que le rôle d'une scène prédominante et classique devient plus impossible de jour en jour.

Redisons-le pour la centième fois ; le théâtre qui s'appelle la *maison de Molière* refuserait aujourd'hui d'emblée toutes les pièces de Molière. On y trouverait sans doute de grands mérites de détail, des beautés de styles incontestables, mais nulle action, nulle combinaison, nulle entente de la scène, *pas de pièce*, comme on dit.

La question théâtrale moderne, déjà si embrouillée par elle-même, se complique encore de l'ancien répertoire qui survient de temps en temps pour revendiquer ses droits et priviléges, et l'embrouiller encore davantage.

On reprend à grands frais les anciens auteurs sur une scène spéciale pour deux raisons :

1° Pour que les auteurs contemporains se gardent bien de faire comme eux, attendu qu'ils seraient refusés à l'unanimité par l'aréopage de ce même théâtre ;

2° Pour que ce digne public à qui on a offert la veille un vaudeville sous le titre de comédie, ou bien une pièce larmoyante et sombre qui n'est pas autre chose qu'un bon gros drame du boulevard, transporté dans un autre cadre, tombant inopinément dans la littérature d'il y a cent ou deux cents ans, se frotte les yeux,

tâche de s'animer et de comprendre, et finisse de
guerre lasse par s'assoupir dans sa stalle sous le poids
de l'admiration et des réminiscences classiques qui
sont si souvent le narcotique de l'esprit.

VIII

— Mais quoi! est-ce qu'il faudrait par hasard abandonner l'ancien répertoire classique?

Les bigots, les béats du bon vieux temps vous diront :
— Oh! non, jamais! Et les gloires de notre scène nationale, et la haute comédie, et la tragédie, et les
talons rouges, et les paillettes, et les chaises curules,
et les tirades, et le cothurne!

Les sans-cœur et les sans-souci vous disent : —Oui,
il faut l'abandonner sans rémission, si vous voulez
avoir un théâtre réellement à vous qui vous excite et
vous passionne. Ce mélange de morts et de vivants ne
produira jamais rien de bon, croyez-nous.

Que dirait-on d'un musée où l'on introduirait incessamment les Raphaël, les Titien, les Michel-Ange, pêle-
mêle avec les peintres modernes?

D'ailleurs, l'ancien répertoire est un mot ; ce n'est
plus depuis longtemps qu'un échantillon presque imperceptible. Pourquoi telle reprise plutôt que telle autre?
Pourquoi cette œuvre que l'on exhume au détriment
d'une autre, souvent beaucoup plus belle, qu'on laisse

dormir systématiquement dans la poussière? Tout cela est affaire de fantaisie d'acteurs ou de direction.

Si vous tenez tant à ce qu'on joue les classiques, si vous croyez que notre siècle ne peut absolument pas se passer de cela, ayez un *théâtre des antiques* ouvertement et franchement. D'ailleurs, comme sujets d'étude et d'apprentissage, n'avez-vous pas vos écoles, vos conservatoires? Faites-les déclamer là tant que que vous voudrez par vos élèves; qu'ils soient la rhétorique du théâtre, le baccalauréat de la scène.

Mais si nous avons un théâtre moderne, pour Dieu! que ce soit un théâtre vraiment moderne, pour nous et non pour nos ancêtres! Si nous ne devons pas avoir dans ce siècle-ci de littérature dramatique, à coup sûr ce ne sera jamais l'ancien répertoire qui nous en donnera une.

IX

Si on se plaint de voir l'écrivain, c'est-à-dire l'idée, l'intelligence, n'occuper qu'un rang subordonné, toujours beaucoup trop inférieur dans la sphère du Théâtre-Français, que sera-ce donc, si on passe aux scènes secondaires, obligées de faire la guerre à leurs dépens, et de viser avant tout à la recette, aux bénéfices de tous les jours!

C'est ici qu'il faut mettre de côté toute espérance

d'art et de littérature, comme sur le seuil de l'enfer du Dante.

Nous entrons en plein dans le théâtre de spéculation et de métier. C'est un métier, en effet, que cet exercice qui consiste à tirer de son cerveau les conceptions les plus propres à agir sur ce qu'on est bien forcé d'appeler la fibre pécuniaire du public.

On peut dire ce qu'on voudra contre les pièces qui se jouent sur la plupart des théâtres, leur reprocher leur mépris à peu près systématique de tout ce qui s'appelle style, finesse, goût, observation: le plus souvent toutes ces critiques-là (et plus encore que pour les livres et les journaux), tombent à peu près dans le vide. Elles portent bien moins sur les défauts réels de l'écrivain, qui n'a guère à chercher à bien faire, s'il veut être joué et même réussir, que sur les exigences matérielles de toute entreprise dramatique.

Qui est-ce qui fait aujourd'hui les pièces généralement? Les auteurs? Oh ! que non pas ! Ce sont les directeurs qui, sous le prétexte assez fondé qu'ils administrent à leurs risques et périls, repoussent non-seulement les ouvrages qui ne leur paraissent pas offrir de bonnes chances d'argent, cela va de soi; mais de plus, se réservent le droit, même quand ils les acceptent, de les modifier, de les repétrir à leur façon, par eux-mêmes ou par l'entremise de certains collaborateurs qui sont leurs âmes damnées.

L'auteur n'est donc en quelque sorte que le prête-nom d'une maison de commerce théâtrale. C'est pourquoi, lorsque les juges dramatiques officiels ont à apprécier le mérite d'une pièce, ils devraient toujours demander à voir les deux versions, celle du directeur et celle de l'auteur, pour pouvoir confronter et être à même de se prononcer en connaissance de cause.

X

Quiconque voudrait écrire non pas même l'histoire, mais un simple résumé du théâtre depuis trente ans, depuis le moment où il a quitté définitivement les grandes routes royales classiques, risquerait fort de s'enfoncer dans un labyrinthe inextricable de trames, de canevas, d'intrigues, de conceptions scéniques tour à tour étranges, bouffonnes, lugubres, pleines d'incohérence et d'artifice, de folie et de calcul, qui n'ont eu d'autre guide et d'autre règle que le caprice du moment, le goût de ces spectateurs superficiels, irréfléchis, illettrés, qui composent malheureusement le fond principal de la plupart de nos publics de théâtre.

Les drames modernes, et beaucoup de vaudevilles et de comédies, qui ne sont autre chose que des drames déguisés, ont pris pour modèles les dramaturges anglais et allemands, mais beaucoup aussi, Walter Scott, qui a influé autant sur le théâtre que sur le roman.

Walter Scott, dont la vogue était grande vers la fin de la Restauration, peut être regardé comme l'inventeur de ce qu'on a appelé *la ficelle*, en France. C'est lui surtout qui a enseigné à nos écrivains l'art des trappes, des surprises, des armoires, des mystères, la mise en scène laborieuse et compliquée, l'habileté qui consiste à ne plus jamais faire dire à un personnage : « *Je suis Oreste ou bien Agamemnon*, » mais à lui faire dire au contraire autant que possible l'opposé de ce qu'il est, afin de dérouter toutes les prévisions, de tenir en haleine l'attention du lecteur ou du spectateur à chaque acte, à chaque ligne, à chaque mot pour ainsi dire.

On fit ce calcul assez juste, en tant que calcul, que, pour attirer un certain public qui tient avant tout, au spectacle, à être occupé, à en avoir, comme il dit, *pour son argent*, les pièces compliquées, entortillées, énigmatiques, valaient infiniment mieux que les pièces naturelles et simples qui se développent sur un fond clair et net et s'adressent surtout aux sentiments et à l'observation.

On se lança donc dans l'imbroglio à corps perdu : on inventa des drames si embrouillés, que personne n'y voyait plus goutte, pas même les auteurs.

M. Scribe fut le chef des pièces dites *d'action*, qui sont un remue-ménage perpétuel, un tourbillon incessant d'incidents, de personnages qui paraissent, disparaissent, se fuient, se retrouvent, jouent sans cesse aux quiproquos, aux propos interrompus, se font mille niches, mille attrapes jusque dans la rue, quand le rideau est tombé et que la pièce est finie.

Outre l'intrigue qui se déroule sous les yeux du spectateur, il y en a toujours trois ou quatre autres qui se passent simultanément dans les coulisses, dans les autres parties de l'appartement, dans le jardin, le parc, le voisinage. Imaginez plusieurs orchestres qui exécuteraient à la fois plusieurs symphonies différentes, et s'imposeraient tous ensemble à vos oreilles.

On prétendit que le but de la scène était, avant tout, d'amuser le public :— *amuser*, mot bien vague, hélas! et qui change d'acception du jour au lendemain!

On fit cette belle trouvaille qu'une vraie pièce de théâtre pouvait se passer absolument de littérature et de style, se créer à l'aide de procédés fixes comme une œuvre de menuiserie et de serrurerie. On inventa le théâtre franchement industriel et professionnel.

On institua en même temps la *Société des auteurs dramatiques*, qui a eu cela de bon de donner à vivre à une classe estimable d'écrivains qui, avant cela, mourait de faim, et de faire rouler carrosse à certains mélodrames et à certains opéras-comiques; mais qui a eu l'inconvénient d'étendre à l'infini le nombre des vocations dramatiques, et aussi d'imprimer au théâtre moderne un cachet fâcheux d'industrialisme et de comptabilité.

Du jour où il est prouvé qu'on entre dans le théâtre comme dans la banque, la bourse, le commerce, pour y spéculer avant tout et s'y faire des rentes, il est constant que l'art, qui est avant tout une protestation et un dévouement, perd beaucoup de son prestige.

Du reste, les reproches que l'on peut adresser à la Société des auteurs dramatiques doivent retomber surtout sur l'organisation dramatique elle-même, qui est vicieuse, fausse de tous points. Cette Société n'a guère fait que réglementer un état de choses qui subsistait avant elle; elle a été bien moins une cause qu'une conséquence.

XI

Ainsi, voilà qui est bien convenu : « Avant tout, une pièce de théâtre *est une affaire.* »

Un auteur, épris du succès quand même et qui se dit : « Faire recette est mon seul but, mon seul idéal, » ne reculera nécessairement devant aucunes des théories, même les plus fausses et les plus funestes, qui lui sembleront devoir fournir un élément de succès matériel.

Toutes les masses ont leurs mauvais instincts; la bonne compagnie n'en est pas plus exempte que les autres classes de la société. Il est souvent bien plus avantageux et productif de caresser, de flatter ses mauvaises passions que de les flageller sur la scène et d'en faire justice.

C'est ainsi que, pour complaire à un certain public, bien renté, bien ouaté, bien nourri, certains auteurs n'hésiteront pas à proclamer en plein théâtre la prééminence des mariages de calcul et d'intérêt sur les mariages de cœur et de sentiment.

D'autres préconiseront comme des vertus incomparables, comme l'idéal suprême de l'existence, les jouissances exclusives et casanières du bourgeoisisme, qui ne connaît que lui, ne voit que lui, n'aime que lui, n'a d'autre culte que le tête-à-tête bien égoïste à perpétuité, le petit dîner à deux, la soirée à deux, le spectacle à deux, la fête à deux, tout ce qui pousse les couples de pigeons humains à s'isoler au milieu de la grande famille commune, sans jamais s'informer s'il y a des gens qui grelottent et crient la faim au-dessous d'eux.

D'autres prouveront qu'il y a dans le notariat, la finance, la spéculation industrielle, bien plus de grandeur, d'héroïsme et de poésie réelle que dans la poésie elle-même.

D'autres enfin, immoleront sur la scène, sous les yeux des femmes honnêtes, qui ne devraient pourtant pas avoir besoin de ces holocaustes-là, de malheureuses filles perdues, dont la chute n'est, dans bien des cas, que l'œuvre même de ce monde chatoyant et doré, qui souvent, après les avoir flétries, anathématisées du fond de ses stalles et de ses loges, s'en va souper joyeusement avec elles en sortant du spectacle.

XII

Et le peuple *qui fait recette*, lui aussi, autant et plus que d'autres classes, grâce à son nombre, et qui

offre d'ailleurs constamment de grandes facilités littéraires, à cause de sa bienheureuse et sempiternelle
ignorance; quelles sortes de productions scéniques lui
destine-t-on, sous prétexte de le prendre par ses véritables instincts? A quel misérable poison mélodramati-
que croit-on devoir le condamner sans vergogne aucune?

Un meurtrier, un forban, un flibustier, un matamore,
un malfaiteur quelconque est-il arrivé à une popularité quelconque, soyez bien sûr que vous le retrou-
verez encadré le plus promptement possible dans les
pièces destinées spécialement à la classe pauvre, qui
sera toujours la plus ignorante à ce compte-là.

Tous les faux héroïsmes, les rodomontades les plus
ridicules, les faux enthousiasmes, les gens à panache,
à grands éperons et à grandes rapières, les défilés perpétuels de cavaliers, de casques, de cocardes, de ca-
nons, d'uniformes, de bannières, tout ce qui parle aux
yeux et non à l'âme et à l'esprit, il semble qu'on se
fasse une loi de le lui étaler sans fin.

Pauvre peuple! Ah! plaignons-le, s'il est vrai qu'il
ne puisse jamais connaître l'histoire que par les ro-
mans-feuilletons et par les drames historiques!

Les vertus qu'on lui montre sur la scène sont à peu
près aussi dangereuses que les vices mêmes, parce
qu'elles tournent presque constamment à la sensiblerie et à l'étalage.

Le sentiment maternel ne s'exprime jamais que par
cris et contorsions. Tous les dévouements de la famille et

du cœur grimacent et tombent dans la jérémiade ; jusqu'à de malheureux enfants qui viennent parfois sur les planches pour y pleurnicher, marmoter du pathos sentimental ; sans compter les animaux attendrissants, les chèvres vertueuses, les chiens savants et dévoués, les singes pleins de sensiblerie, les chevaux élégiaques, toutes les vulgarités, les absurdités les plus choquantes qui puissent passer par la cervelle d'une littérature, qui ne voit dans le sentiment de la masse qu'une mine d'exploitation facile et courante.

Il semble que le théâtre du peuple soit inventé tout exprès pour troubler sa raison et étouffer le peu d'instinct littéraire qu'il peut avoir. Il est convenu qu'on ne le mettra jamais au régime du bon et du vrai en littérature, quoi qu'il arrive.

Mais ce qu'il y a de plus triste, c'est que ces pièces, composées soi-disant pour la multitude, sont recherchées le plus souvent par la bonne compagnie, qui ne demande pas mieux que de se faire peuple du moment où il s'agit d'encourager quelque œuvre bien inintelligente, bien grossière, qui s'adresse seulement aux sens, à la partie bestiale du public.

XIII

Quant aux mœurs des comédiens et des comédiennes, elles sont, à peu de chose près, ce qu'elles étaient chez nos pères; elles n'ont guère profité, jusqu'à présent, des bienfaits de l'émancipation moderne.

Les comédiens ont toujours, avec un peu plus de décorum et de vernis extérieur, leurs travers traditionnels que l'on a peints tant de fois dans les livres et sur les théâtres mêmes; vanité excessive, fausse importance, jalousie, individualisme outré, etc., toutes les conséquences d'une condition longtemps opprimée, honnie, victime d'un préjugé barbare, à peine effacé d'hier, nullement organisée d'ailleurs et qui aurait besoin d'autant plus d'ordre et de raison qu'elle roule sur un fond constamment factice et exceptionnel.

On n'excommunie plus les comédiens aujourd'hui, mais, en réalité, on ne les traite pas avec beaucoup plus de jugement et d'équité que par le passé.

Importants et célèbres, on les gonfle, on les exalte sans mesure aucune; on ne sait quelles sortes d'encensements, d'hommages extravagants leur prodiguer. Modestes, secondaires et très-essentiels néanmoins dans les rouages de la grande machine théâtrale, on les dédaigne, on les ravale; c'est tout ou plus si on leur donne le nécessaire pour vivre.

Le théâtre est une grande armée qui fait tout pour ses chefs et son état-major et laisse trop souvent mourir de faim ses simples soldats.

XIV

Les actrices sont à peu près dans les mêmes conditions où elles se trouvaient à l'époque où elles représentaient surtout la joie et les délices privées des marquis de l'œil-de-bœuf et des gentilshommes à poudre.

Elles nous apparaissent (sauf, bien entendu, les exceptions, dont on peut étendre le cercle autant qu'on voudra) comme des filles entretenues d'un ordre particulier, des femmes vendues ou à vendre, qui s'adressent spécialement à une certaine classe de riches et de raffinés, dédaigneuse des attaches et des corruptions vulgaires.

Ainsi, des hommes pour lesquels on professe généralement assez peu de considération et que, dans tous les cas, on ne *reçoit* guère, des femmes d'une existence au moins équivoque, quand elles ne sont pas des types de dépravation avérée, voilà donc notre monde du soir, celui auquel nous nous livrons pendant des heures entières avec nos femmes, nos filles, nos sœurs, nos enfants, et qui se trouve avoir en quelque sorte charge d'intelligences et de cœurs, puisqu'il remplit la tâche si précieuse de nous divertir honnêtement, souvent même de nous instruire !

Incroyable contraste dans les mœurs des sociétés modernes qui, tout en ayant un besoin impérieux des acteurs et des actrices, se croient néanmoins obligées

de leur témoigner, dans la vie ordinaire, un éloigne-
ment bien difficile à justifier au point de vue de la
morale et de l'humanité! .

Ces comédiens, parias du monde régulier, que l'on
en est encore à proscrire sur parole et sur l'étiquette   .
de la profession, n'en sont pas moins l'objet de toutes
sortes de discussions, de curiosités, de polémiques dans
les conversations, les journaux, les salons, à table, partout. Il est certain que sans eux, dans bien des réunions et des cercles, on ne saurait absolument que
dire. Ils sont le plaisir de la soirée publique et l'aliment
de la causerie intime.

Ces actrices, considérées comme des créatures perni-
cieuses, maudites, on ne perd guère une occasion de les
accabler de toutes sortes d'encens, de fleurs, d'articles
flagorneurs, de démonstrations enthousiastes : si peu
qu'elles aient de talent et de célébrité, non-seulement,
on les réhabilite, mais on les met aux nues, on les
divinise.

Tant d'honneur et de déshonneur accumulé sur les
mêmes têtes, dans le cadre d'une même condition, est
fait pour surprendre et même pour scandaliser les gens
raisonnables.

Rousseau, en se plaçant au point de vue absolu des
mœurs, avait raison de rejeter entièrement le théâtre,
qu'il considérait comme un foyer de vices et de corruptions incurables. Seulement, Rousseau voyait le théâtre
tel que l'ont fait la barbarie et les préjugés arriérés ; il

ne s'était pas demandé si on ne pouvait pas l'épurer, le
transformer, le mettre dans des conditions plus judi-
cieuses et plus modernes?

XV

— Mais, dit-on, est-ce qu'il ne faut pas en principe
que les acteurs et les actrices soient des êtres dépravés,
immoraux, pour arriver à la supériorité, au fin du fin
de leur art?

Pas le moins du monde; on peut être un excellent
comédien et un parfait honnête homme; honnête
homme, bien entendu, dans le sens non pas du notaire, du négociant ou du magistrat, mais dans la
moyenne du poëte et de l'artiste.

Le vice, même envisagé sous son point de vue le
plus flatté, le plus romanesque, est généralement bien
plus propre à diminuer le talent qu'à l'agrandir.

Ceci s'étend aux actrices elle-mêmes : de ce qu'une
femme joue la comédie, ce n'est pas du tout une raison pour qu'elle se vende. Si elle joint à l'exercice de
son art le trafic de sa personne, c'est un luxe de plus
qu'il lui plaît de se donner, mais la loi du théâtre ne
le lui impose nullement.

Les comédiennes sont généralement, il est vrai, plus
exposées que beaucoup d'autres, parce qu'elles se
trouvent plus en évidence, entourées de plus de séductions et d'embûches : mais elles ne succombent, après

tout, à la tentation que lorsqu'elles le veulent bien. Une honnête femme sait toujours se faire respecter, sur un théâtre comme partout ailleurs.

Ce renom d'immoralité, plus ou moins fondé, qui s'attache encore à présent à l'existence des gens de théâtre, s'explique dans beaucoup de cas par le défaut d'éducation, le peu de contact avec le monde civilisé, certaines vieilles traditions de coulisses, des fanfaronnades de vices et d'allures grossières souvent plus vaniteuses et factices que foncièrement immorales; toutes choses dont il est facile du reste d'avoir raison avec un peu de critique et de simples appels au bon sens des individus.

Dans tous les cas, si l'on veut donner à l'acteur de nos jours un rang convenable, lui assurer le privilége des bienséances et de la dignité personnelle, auxquels ont droit tous les citoyens sans exception, qu'on songe donc enfin à réformer cette partie intérieure des théâtres, ces prétendues *loges*, ces boîtes incommodes, insalubres, immorales par leurs proportions mêmes, où l'on ne craint pas d'entasser des êtres humains, obligés de se costumer chaque soir, lesquels ont le plus souvent moins d'air et d'espace à leur disposition qu'on n'en accorde aux animaux sauvages des ménageries, destinés eux aussi à l'amusement du public.

Il y a là toute une réforme à faire, bien urgente, bien humaine, comme du reste dans tous les détails matériels et moraux du théâtre, qui est à refaire entièrement de fond en comble.

XVI

Autour du monde des acteurs et des actrices s'agi-
tent d'autres petits mondes qui s'y rattachent par des
liens plus ou moins directs : d'abord, les auteurs, ha-
bitués de coulisses, qui affectent de vivre dans la familiarité des comédiens et surtout des comédiennes, les
quelles ne sont guère cependant aujourd'hui, avec le
train qu'elles mènent, du gibier d'artistes et d'écrivains;
et puis, aussi cette classe particulière d'hommes riches
qui ont des liaisons plus ou moins avouées avec des comédiennes, payent leur luxe, leurs toilettes de ville et
de théâtre, quelquefois même le droit de jouer des bouts
de rôles sur des planches quelconques et de pouvoir
s'intituler actrices, bon gré mal gré.

La plupart de ces hommes passent pour très-distin-
gués, du moins sous le rapport de la position sociale;
quelques-uns ont des titres, portent d'anciens noms.
Les uns sont jeunes et gaspillent dans la sphère des
coulisses et des avant-scènes leur patrimoine et leurs
plus belles années; d'autres ont atteint la maturité,
souvent même plus que la maturité, et appartiennent
à ce qu'on appelle le monde régulier, honnête.

Ces hommes-là s'attachent de préférence aux comédiennes, pour qu'il ne soit pas dit qu'ils ont les maîtresses de tout le monde, qu'ils aiment et entretiennent
comme le commun des martyrs.

Ce n'est pas toujours le talent qui détermine la vogue de telle ou telle actrice ; c'est bien souvent l'équipée la plus étrange, telle excentricité du goût le moins épuré qui lui attire renom et fortune. Il suffit parfois qu'une femme ait appris à lever la jambe d'une certaine façon et plus effrontément que toutes ses camarades, pour que tout de suite on en raffole, on se l'arrache, pour qu'elle voie affluer autour d'elle, diamants, chevaux, équipages, splendeurs de toute espèce... Voilà où en sont les mœurs du jour !

Acteurs, actrices, employés de théâtre à divers titres, entreteneurs, pères, mères d'actrices, directeurs qui ne valent souvent pas mieux que les autres, surtout quand ils prélèvent sur les femmes qu'ils engagent ce *certain droit honteux* dont parle Figaro, tout cela forme le milieu le plus étrange, le plus incroyable mélange d'intrigues, de dévergondages, de vanités, de misères, sous un vernis d'art et de prétention, tous les raffinements du luxe, du grand ton ; des cachemires, des diamants fabuleux, pêle mêle avec des haillons, des échantillons d'indigence, d'affliction, d'autant plus déplorables qu'on évite généralement de les plaindre, sous prétexte qu'on les rencontre dans le centre de la démoralisation et du vice.

Si c'est là le dernier mot du théâtre, Rousseau a cent fois raison, il faut le supprimer sans hésiter. Les bénéfices ne sont certes pas en rapport avec les abus.

C'est en vérité une plaisanterie beaucoup trop pro-

longée que celle qui consiste à montrer le théâtre
comme servant à améliorer les mœurs, quand il est lui-
même un antre perpétuel de dépravation, une fabrique
constante de mauvaises mœurs.

XVII

Est-ce qu'on peut introduire un peu d'air salubre,
un peu d'assainissement dans ce cloaque, que l'on est
tout étonné de voir subsister encore dans le courant
de nos mœurs actuelles?

Oui, certes; on peut, en outre, arriver à restituer au
théâtre son caractère de noble exercice, d'amusement
supérieur, d'activité intelligente, intéressante, hautement moralisatrice, qu'il n'aurait jamais dû perdre;
l'empêcher d'être ce qu'il a été, ce qu'il est encore
trop généralement, un marchepied de prostitution pour
les femmes et pour les hommes un moyen de s'avilir,
de s'abêtir, de végéter misérablement dans un métier
qui le plus souvent n'en est pas un.

Mais, pour cela, il faut mettre de côté tous les anciens
préjugés, voir le théâtre non pas dans la tradition et la
routine, mais dans la réalité, ce qu'on n'a jamais fait
jusqu'à présent, chaque siècle l'ayant toujours accepté,
chat en poche pour ainsi dire, tout équipé, tout orga-
nisé de la main de ses devanciers, sans y rien modifier,
sans même songer à le définir.

XVIII

Le théâtre est, dit-on, un art spécial, exercé par certains individus pour l'amusement de la foule. — Le théâtre est cela en théorie ; mais, dans la pratique, c'est vraiment bien autre chose !

Avant d'être un métier plus ou moins spécial, plus ou moins lucratif, il représente une occupation non moins importante dans son genre et attrayante que beaucoup d'autres choses même les plus sérieuses, les plus absorbantes, la politique, par exemple; si l'on considère le nombre de gens qu'il passionne, la quantité d'amours-propres qu'il met en jeu, les intérêts de toute espèce qu'il soulève, intérêts moraux, littéraires, poétiques, artistiques, sociaux, etc... C'est tout un décalque vivant du genre humain qui se trouve reproduit dans un cadre artificiel.

On dit quelquefois qu'il y a trop de théâtres : au point de vue de la spéculation, c'est fort possible, mais au point de vue du monde théâtral, envisagé sous le rapport statistique de la passion du théâtre, eu égard au nombre de gens qui ont en France le goût de l'art dramatique, qui aiment à composer des pièces ou à en jouer, on peut dire qu'il n'y a pas le quart, le demi-quart de théâtres qu'il devrait y avoir.

XIX

Pourquoi chaque auteur n'aurait-il pas le sien? Quel inconvénient y verriez-vous sous le rapport intellectuel et artistique? Nous ne parlons pas seulement pour la médiocrité, nous parlons même pour le talent, pour le génie.

Croyez-vous donc que Molière et Shakspeare auraient été ce qu'ils ont été, s'ils n'avaient pas eu une troupe à eux appartenante et dont ils pouvaient entièrement disposer; s'il leur eut fallu traverser, pour se faire jouer, par toutes les difficultés, obstacles et ricochets actuels, les réceptions, les corrections, les ajournements, les exigences de directions, d'acteurs en vogue, etc.?

Ne craignons pas de le répéter, car c'est un point très-essentiel à noter pour ce qui nous occupe : Molière aurait aujourd'hui toutes ses comédies refusées au Théâtre-Français et au Gymnase.

Et toi, sublime William, essaye donc de présenter à l'un de nos directeurs des boulevards, je ne dis pas seulement la *Tempête* ou le *Songe d'une nuit d'été*, mais *Coriolan*, le *Roi Léar*, *Hamlet*, *Macbeth;* (*textuels,* bien entendu, non-francisés?)

Est-ce qu'il est possible d'avoir une littérature dramatique, quand c'est la volonté absolue d'un directeur, c'est-à-dire, d'un entrepreneur qui domine le théâtre tout entier? C'est la mort de toute spontanéité, de toute innovation, de toute littérature, par conséquent.

Une pièce qui tombe ou qui même ne réussit que médiocrement occasionne une perte d'argent toujours beaucoup trop considérable pour l'homme qui administre un théâtre à ses risques et périls et dont chaque soirée représente un enjeu des plus importants.

Aussi, c'est à qui ne risquera rien, crééra des routines, des ponts-neufs scéniques, des selles à tous chevaux en fait de pièces, pour que le public ne soit pas trop dérouté, n'ait pas trop à faire travailler son jugement et son imagination, ce qui offre toujours un certain danger au point de vue de la recette immédiate.

Cette fameuse *expérience de la scène* dont on a fait tant de bruit de notre temps n'est pas autre chose que la science des redites, des rabâchages dramatiques, la poétique du lieu commun de la planche.

Généralement, les formes des vraies pièces pratiques ne doivent guère plus varier que celles des paletots, des souliers et des bottes.

Une pièce de théâtre est *une affaire,* avons-nous dit; par conséquent, un succès n'est ni de l'art, ni de la gloire, ni de la morale, c'est de l'argent avant tout.

Aussi, que ne fait-on pas pour les obtenir ces fameux succès d'argent! Que n'emploie-t-on pas! les hâbleries préalables, les réclames de toute nature, les rubriques de répétitions générales, d'affiches, de notes de journaux ; et puis, quand le grand jour arrive, la claque forcenée, les publics de convention, les ovations administratives, les rappels de rigueur, tous les abus, mensonges, escamotages, charlataneries qui déshonorent nos premières représentations et comptent parmi les pages les plus ridicules et souvent même les plus scandaleuses de nos mœurs contemporaines.

XX

On a demandé *le droit au travail* en 48; nous demandons ici très-sérieusement *le droit à la représentation.*

Que dit-on généralement à tout jeune homme souvent plein de bon vouloir et même de talent qui frappe à la porte des théâtres et en est encore à faire son noviciat? — L'essentiel, voyez-vous, mon cher, est d'être joué, *n'importe comment.*

— Eh! parbleu! s'écrie-t-il, à qui le dites-vous! juste ciel! être joué, mais c'est tout ce que je rêve, tout ce que j'ambitionne au monde!... Mais où aller? Que faire? A qui se vouer? Comment s'y prendre?

Ne nous occupons pas du côté ridicule et inusité de l'idée ni des difficultés matérielles de l'exécution; si la chose est juste et légitime en principe, soyez sûr que tôt ou tard, elle se fera.

Est-ce qu'il vous semblerait absolument absurde,

mauvais, que toute œuvre dramatique (sachant l'ortho
graphe, bien entendu) pût être représentée ; qu'il de-
vînt aussi facile de faire jouer une pièce de théâtre
quelconque que de faire imprimer un livre ou un article de journal? Est-ce que cela ne serait pas une
bonne innovation, un vrai progrès pour tous?

Chacun en profiterait : auteurs, comédiens, critiques,
toute la gent lettrée, artistique, créatrice, fantai-
siste, si nombreuse et si souvent inoccupée, découragée, décontenancée aujourd'hui sur tous les points; le
public aussi y gagnerait à la longue, n'en doutez pas.

Vous ne pouvez avoir une littérature dramatique
que si vous laissez à tout le monde la bride sur le cou
pendant un temps bien plus long qu'on ne croit, pour
toujours, peut-être.

XXI

Il est bien avéré actuellement que nous sommes un
siècle infiniment trop positif, trop timoré, trop bourgeois, incapable de nous compromettre jamais par aucune espèce d'excentricité ni d'enfantillage qui puisse
nous distraire un peu de nos fastidieuses et perpétuelles
affaires.

Croit-on donc qu'il ne résulterait pas beaucoup de
curiosité et d'amusement réel d'un théâtre entièrement
libre, accessible à tous, qui ne serait pas comme la

plupart de nos scèncs actuelles à la fois une boutique et un monopole?

Après tout, ceci n'a rien de plus extraordinaire qu'un musée où chaque peintre aurait le droit de venir exposer son tableau.

N'y verriez-vous pas d'abord un excellent stimulant pour les théâtres d'exploitation qui seraient bien forcés de sortir enfin un peu de leurs lignes tracées; de plus, ils pourraient ainsi observer le public sous un autre aspect que celui de l'argent; voir ce qu'on peut lui faire accepter en fait d'émotions et d'idées neuves, et s'il est toujours aussi routinier, aussi profondément borné qu'on veut bien le dire?

Les critiques condamnés tous les lundis à l'obligation si souvent monotone et ingrate de rendre compte d'un théâtre qui ne se prend plus lui-même au sérieux depuis bien longtemps, pourraient trouver par là l'occasion de diversifier un peu leur tâche, de se délasser de leurs fonctions officielles, en analysant des œuvres qui n'auraient pas cet éternel cachet de la spéculation et du métier.

XXII

Mais voyez donc comme il est d'abord insolite, ridicule d'aspect, notre nouveau théâtre, jeté complètement en dehors du moule ordinaire, notre théâtre des *pièces refusées* ou des *pièces impossibles* (le titre est à trouver).

Notre troupe est sans doute bien gauche et bien inexpérimentée ; nos amoureux sont tremblants et peut-être pas très-brillants de mise et de tournure ; nos amoureuses n'ont ni diamants, ni dentelles, ni voitures à la Daumont qui les attendent à la porte du théâtre ; mais qu'importe, si tout ce monde-là possède le feu sacré de l'art, ce diable au corps de la jeunesse et de l'intelligence qui peut produire tant de miracles !

Nos décors, grand dieu ! sont-ils assez simples et primitifs ! Une table, quelques siéges, voilà tous nos salons ; un fond vert et quelques buissons, voilà tous nos parcs et nos jardins ; et c'est avec cela que nous avons l'intention de vous attacher, de vous émouvoir, de vous tirer un peu de vrai rire et de vraies larmes, que vous ne connaissez plus depuis des années !

Comme disait un jour Mendelsohn à Meyerbeer : « Pour monter vos opéras, il vous faut remuer ciel et terre, chercher des ressources et des ressorts dans le monde entier ; tout un attirail inouï de décors, d'ornements de splendeurs incomparables ; quant à moi, une grange me suffit... »

Eh ! oui, certes, une grange suffit dans bien des cas à l'homme de talent, surtout dans un temps comme le nôtre où l'on a dépensé et où l'on dépense encore tous les jours tant de sommes folles et scandaleuses en frais ridicules de mise en scène, en carton doré, en oripeaux; ce qui a tant contribué à matérialiser le théâtre!

Oui, les vrais chefs-d'œuvre peuvent tout aussi bien éclore dans une grange libre et intelligente que sur toutes vos scènes encombrées de tant d'étoffes, de pompeux accessoires, d'attributs splendides et insipides. Aussi les vrais comédiens, les hardis, ceux qui ont la foi, peuvent parfaitement se produire dans ce milieu primitif et naïf.

Quand on pense qu'il y en a tant aujourd'hui d'un mérite réel parmi nos jeunes comédiens qui se trouvent réduits au rôle de simples comparses autour de telle célébrité envahissante, de tel acteur dit *à recettes* qui absorbe tout, éteint tout, à force de charlatanisme bruyant?

Est-ce qu'il ne vaudrait pas mieux les employer ces désœuvrés de talent, en tirer un parti quelconque?

La pire des choses pour l'écrivain dramatique, c'est de n'être pas joué, pour le comédien, c'est de ne pas jouer; deux affronts qu'il faut leur éviter à tout prix.

XXIII

Comment fait-on un auteur dramatique? Généralement, en le refusant le plus longtemps possible.

On lui refuse de quinze à vingt pièces en moyenne; à la vingt et unième, on se décide à en essayer de guerre lasse. Il va enfin livrer sa première bataille,

mais, dans quelle condition la livre-t-il? Abruti, meur-
tri, humilié, dépouillé souvent de ses qualités les plus
précieuses qu'il lui a fallu laisser dans son premier
bagage d'art et d'illusions; ce qui ne manque pas de lui
attirer pour ses débuts les justes sévérités de la critique qui prêche presque toujours un converti.

Si on le joue, c'est qu'il s'est fait médiocre et banal,
croyez-le bien!

On l'a refusé, soit! on a peut-être bien fait; mais
qui est-ce qui l'a refusé? Est-ce le goût? Est-ce la raison? Non, c'est la spéculation, toujours la spéculation
qui est condamnée à n'avoir, littérairement parler, ni
yeux, ni oreilles, ni entrailles.

Prenez garde! à force de voir tout à travers l'opti-
que boutiquière, vous éloignerez entièrement de vos
théâtres les vrais Français, les intelligents, les sensés.

—Mais, dites-vous, les étrangers nous resteront toujours...

Vous les perdrez aussi, ils ne sont pas plus aveugles
ni plus bêtes que nous, à la longue; quand vous aurez
usé les Anglais, les Allemands, les Russes, les Espagnols, les Turcs, compterez-vous sur les trains de plaisir illinois, cafres, patagons?

Consentirons-nous à n'avoir plus qu'un théâtre d'exhibition d'épaules, de jambes de femmes, de tableaux
vivants, tout au plus gazés? Quel résultat pour un peuple qui s'est appelé Corneille, Racine, Molière, Voltaire!

XXIV

Songez donc qu'une simple scène d'un demi-quart d'heure tout au plus, mais bien observée, bien nuancée, vaut cent fois mieux que toutes vos carcasses, vos grosses charpentes échafaudées à grands frais de rubriques et de ficelles, qui oppriment ce malheureux public pendant des soirées entières !

Le peu de comédie réelle que nous ayons eue de ce temps-ci n'est-il pas pas né, le plus souvent, dans des ateliers, dans des centres de fantaisie indépendante, de gaieté spontanée, tout à fait en dehors des préoccupations du mécanisme théâtral ordinaire ?

Comment les théâtres officiels et littéraires n'ont-ils pas compris, depuis longtemps déjà, qu'il leur fallait absolument pour se renouveler un peu, ouvrir un débouché quelconque à l'*imprévu* dramatique, qui est le seul élément de tous les vrais chefs-d'œuvre ?

Serait-ce donc une invention si étrange et si monstrueuse de voir le Théâtre-Français consacrer tous les ans, au lieu de ces éternels anniversaires en l'honneur des grands écrivains d'autrefois, qui n'ont que faire de ces hommages-là, un certain nombre de soirées destinées aux *saturnales* du répertoire, c'est-à-dire aux pièces refusées ?

« Mais elles sont impossibles, » nous dit-on.

— Raison de plus! Ce sont précisément les pièces impossibles que nous voulons voir aujourd'hui ; nous en avons assez, beaucoup trop même de vos pièces possibles et régulières, coulées dans le moule convenu. Nous voulons avoir affaire de temps en temps aux absurdes, aux saugrenus, ne fut-ce que pour nous changer un peu des chefs-d'œuvre à la mécanique et à l'emporte-pièce que l'on nous sert tous les jours.

Pourquoi n'arriverait-on pas aussi à stipuler que tout auteur, après un certain nombre de pièces refusées, *six*, si vous voulez, *aurait droit*, oui, *droit*, vous entendez, à être représenté à la septième?

Ce serait d'abord un hommage rendu au courage littéraire malheureux ; de plus, tout écrivain pourrait ainsi s'apprécier lui-même en présence de ses vrais juges ; il ne courrait pas le risque de se décourager à la deuxième ou troisième tentative, comme il arrive à beaucoup qui seraient peut-être devenus des Molière ou des Corneille s'ils avaient eu le bonheur et aussi l'enseignement suprême de se voir représenter une seule fois dans leur vie.

Il n'y a au monde qu'un seul arbitre réellement éclairé de l'art de la scène, un seul vrai tribunal dramatique, un seul comité compétent et sérieux : le public.

XXV

Mais vous comprenez bien que ce n'est pas un seul théâtre de paravent, oseur et chercheur, qu'il nous faut; c'est cent, c'est mille, autant que le goût du théâtre en comportera.

Classiques vivants du vaudeville et du drame, coryphées de la planche et de la mise en scène, vous qui savez combien il est difficile et laborieux de faire marcher un théâtre et une troupe par les moyens officiels et consacrés, comme vous riez dans votre barbe en nous voyant prêts à livrer bataille avec une scène de pure convention, organisée à la diable, avec notre troupe composée d'acteurs *volontaires* en grande partie, qui ne seront cependant peut-être pas aussi irréguliers à la longue, aussi rétifs et indisciplinables que vous pouvez vous le figurer !

Eh bien, vous, dramaturges, vous, vaudevillistes de profession, croiriez-vous que vous y viendrez tôt ou tard à ce théâtre des parias et de dédaignés?

Quel est celui d'entre vous, même parmi les plus absorbés par la fabrication scénique, qui n'a pas dans un coin de son portefeuille quelque œuvre libre, hardie, sortant du cercle banal, et *dont les directeurs ne voudraient* pas, comme vous dites, parce qu'elle offre sans doute des traces d'inspiration et de nouveauté?

Qu'en faites-vous généralement de cette œuvre qui a été souvent pour vous la consolation de bien des travaux fastidieux et mercenaires? Vous la lisez furtivement à quelques amis ou bien vous la faites imprimer pour un public imperceptible.

Cela suffit-il? Ne seriez-vous pas bien plus heureux de le voir traduit sur une scène quelconque, ce fruit défendu de votre imagination, pour être soumis au jugement de spectateurs spéciaux?

Ne sentez-vous pas bien qu'il y a un mode de représentation intermédiaire, d'essai scénique à trouver à côté de l'exécution théâtrale officielle, absorbée par le métier et monopolisée par les entreprises d'exploitation?

Vétérans de la scène, vous aimez autant à *être joués* que les premiers débutants venus; n'en rougissez pas, grand Dieu! Cela prouve que l'argent n'est pas tout dans ce monde, que l'art, cet excitant suprême de l'amour-propre et du cœur, ne perd jamais ses droits sur personne.

XXVI

« On croit s'assembler au spectacle, a dit Jean-Jacques, et c'est là que chacun s'isole. »

C'est là précisément ce qu'il faudrait éviter, cet *isolement* du public, funeste au point de vue de la distraction et aussi de la morale. Il n'est pas bon que le public

se trouve nulle part dans la condition passive du pacha
qui regarde danser les odalisques.

C'est à nous, modernes de ce temps, que nous devons l'invention de nos théâtres, tels que nous lés
voyons constitués aujourd'hui, si barbares sous le rapport intérieur et extérieur, et qui représentent si bien
la double oppression du corps et de l'intelligence.

Nos pères avaient eu du moins le bon esprit de se
rendre actifs et vivants au théâtre.

Ils avaient établi des rapports entre eux et les acteurs : leurs comédiens, étaient très-certainement meilleurs que les nôtres, par la seule raison qu'on les sif-
flait, ce qui donnait du moins le droit de les applaudir.
Le courant électrique d'art et de discussion entre le
parterre et la scène existait constamment.

Aujourd'hui, la claque a tout remplacé ; il en est
résulté un public complétement indifférent, inerte,
qui ne se donne même plus la peine d'avoir un jugement, une âme, qui trouve chaque soir sous le lustre
des émotions toutes faites.

L'apathie, même dramatique et littéraire, est toujours
d'un fâcheux augure pour un siècle et pour un peuple.

XXVII

Pour s'intéresser sérieusement à un art, il est à peu
près indispensable de l'avoir pratiqué d'une certaine
façon.

Le théâtre est à la fois une action et une contemplation ; le plaisir est presque toujours bien plus grand pour ceux qui agissent, les acteurs, que pour ceux qui regardent, les spectateurs. Il serait bon que le plaisir de la scène fût partagé, équilibré autant que possible entre les uns et les autres.

N'oublions pas que le vrai but des arts n'est pas seulement de représenter la pratique spéciale de quelques-uns, de servir de piédestal à certaines individualités plus ou moins marquantes, mais avant tout de contribuer au plaisir et à la vitalité du plus grand nombre.

Nous allons étonner et faire rire bien des gens sérieux en déclarant que non-seulement pour ranimer le théâtre, mais aussi pour le moraliser, lui ôter son caractère immobile et oriental, il faudrait que chacun s'en mêlât, participât plus ou moins de sa personne au plaisir de la scène.

La comédie dite de *société* ou d'*amateurs*, dont on s'est tant moqué parce qu'on ne l'a vue qu'à travers la concurrence prétentieuse avec le théâtre de profession, mais qui n'est pas plus ridicule après tout que la danse de société, la musique de société, le chant de société, la poésie de société, aurait certainement un grand avantage au point de vue des mœurs et des relations si on voulait l'organiser intelligemment, la mêler dans une certaine mesure aux habitudes et aux distractions de tous.

XXVIII

Remarquez que tout le monde en France est comé-
'n ou croit l'être ; c'est là ce qui explique le grand
attrait que le théâtre a toujours eu pour nous..

Écoutez : il ne s'agit pas de nous faire plus grands
garçons ni plus sérieux que nous ne sommes en effet,
de nous figurer que nous pouvons nous passer de
belles et bonnes récréations, plus que d'autres temps,
qui certes nous valaient bien ! C'est comme cela que
nous finirions par tomber dans le spleen incurable,
dans la léthargie universelle.

Une fois la journée finie, quand on s'est bien absorbé dans la bourse, les chiffres, la politique, les affaires, il n'y a pas tant de distractions à la disposition
des gens honnêtes et civilisés ; il n'y en a que trois en
réalité, la grande trilogie classique et fondamentale, le
vin, le *jeu*, les *belles*, comme dit la chanson :

Le *vin*, c'est-à-dire la table, qui détruit l'estomac et
engendre si vite la gastrite et là goutte ;

Le *jeu*, qui fait qu'à une certaine heure une certaine
société se convertit en un vaste jeu de cartes, en un
immense tapis vert ;

Les *belles*, ces dames que vous ne connaissez que trop,
hélas ! qui coûtent de si belles sommes à leurs adora-

teurs, à en juger par certains mobiliers que l'on voit figurer de temps en temps dans les ventes publiques.

Laissez de côté pour un moment la singularité de la chose : serait-il donc si fâcheux que, dans bien des circonstances la distraction du théâtre se substituât à des goûts de cette espèce?

Au lieu de voir les hommes bâiller le soir dans un fauteuil ou aller s'abrutir dans un cercle ou dans un café, les femmes rester à l'écart, périr de tristesse et de broderie plus ou moins solitaires, est-ce qu'il ne vaudrait pas mieux grouper tout ce monde-là autour de quelque bonne œuvre intéressante ou gaie, que l'on apprendrait par cœur et que l'on jouerait ensuite, bien ou mal? là n'est pas la question.

Au lieu de ces grands salons si vides, si superflus, qui ne servent absolument à rien qu'à héberger des potiches chinoises, des fauteuils et des candélabres, est-ce qu'on n'aimerait pas mieux voir se dresser un théâtre, si modeste et si imparfait qu'il fût, mais qui du moins aurait une signification, un but, jetterait dans la vie un peu de cet abandon, même de ce ridicule, de ce comique intime dont nos mœurs ont un si grand besoin ?

Ce serait une façon d'occuper tous les amis, tous les parents, même les vieillards, les grands-pères, qui auraient leur emploi tout tracé dans les représentations domestiques, comme ils l'ont dans l'existence.

Nous ne parlons pas de ce qui résulterait d'avanta-

geux pour les manières, la politesse, le retour à l'intelligence et à la sociabilité, l'attention accordée aux
femmes, tous les avantages littéraires et sociaux du
théâtre en général ; nous ne voyons ici que la simple
distraction.

Du reste, l'idée n'est pas si neuve ; elle date de l'ancien régime, qui s'y connaissait en fait de plaisirs.
Voltaire, qui apparemment n'était pas plus sot ni plus
ridicule qu'un autre, s'en est servi pour occuper ses
loisirs de Ferney.

La proposition n'en paraîtra pas moins tout à
fait dérisoire, insensée, insoutenable, nous le savons
bien : mais hasardez quoi que ce soit auprès du Français d'à présent pour tâcher de l'arracher à ses habitudes maussades et somnolentes ; son premier mouvement sera toujours de sourire dédaigneusement.

Il rejette tout d'abord ; il hausse les épaules et il
propose à la place, quoi ?... Toujours son même souper
clandestin, son même cercle, son même whist à un
louis la fiche.

XXIX

— Mais, dit-on, si chacun avait son théâtre à soi
comme on a son piano, les théâtres de profession n'auraient bientôt plus d'attraits ?

Au contraire, ils en auraient bien davantage ; ils
exciteraient bien plus d'intérêt et de curiosité par la

comparaison et une certaine émulation secrète qui s'é-
tablirait malgré tout.

En propageant l'exercice d'un art, vous ne le tuez
pas, vous n'empêchez pas la spécialité de se produire ;
voyez la musique !

Depuis qu'on a appris à chanter à des milliers d'ouvriers, est-ce qu'on a supprimé pour cela l'art des
Duprez, des Ronconi ? Loin de leur nuire, on n'a fait
que multiplier le nombre de leurs appréciateurs.

Les orphéons, qui détournent les prolétaires des barrières et des cabarets, pour les initier au goût de la
belle musique, n'ont-ils pas rendu un véritable service ? Pourquoi le théâtre n'aurait-il pas un résultat du
même genre, bien plus direct et bien plus essentiel ?

Ce serait peut-être un moyen d'arriver à l'éducation
littéraire des classes inférieures, d'arracher progressivement leur intelligence à l'exploitation des mélodrames et des pièces de vols et de tueries. Lorsqu'on
récite de la littérature, il faut bien qu'on arrive tôt ou
tard à la sentir et la comprendre ; il en reste du moins
toujours quelque chose dans l'esprit.

XXX

Le peuple est encore plus épris du théâtre que les
gens éclairés. Cela se conçoit : rien n'est plus propre
que la scène à jeter un peu de fantaisie et d'idéal dans

sa condition presque exclusivement prosaïque et mécanique.

Malheureusement, à part la question des frais matériels, il ne peut guère se livrer à ce goût-là que d'une
façon détournée, occulte, presque toujours avec la dés-
approbation des patrons et de la haute classe.

Dès qu'un homme du peuple a mis le pied sur les
planches, il se croit maudit; son imagination ne fait
que s'échauffer par l'anathème : être comédien, c'est
pour lui comme être contrebandier ou brigand; le
pacte une fois signé avec le démon de la scène, les désordres, les vices factices ou réels ne lui manqueront
guère.

Est-ce qu'il ne serait pas préférable à tous les points
de vue que l'exercice du théâtre fût une chose régu-
larisée, admise dans nos mœurs comme elle l'a été
chez les Grecs, plutôt que de le laisser à l'état de
péché, de délit, pour ainsi dire?

N'en faites plus un fruit défendu, l'apanage exclusif
d'un certain monde, vous le moraliserez, vous l'épure-
rez par cela même. Le grand mystère du théâtre, si
généralement fatal à la raison, à la conduite, au travail
manuel qui manque trop souvent de compensation
artistique, se trouve détruit par cela même ou au
moins considérablement atténué.

Tout le monde est acteur, personne n'est plus acteur. Le métier proprement dit reste pour quelques-
uns, mais le prestige de cette activité intelligente et

enivrante appartient à tout le monde. La question morale est complétement modifiée.

XXXI

L'actrice elle-même en devient plus chaste et plus sage, et bien plus sûrement que si vous cherchez à allonger ses jupes de nymphe par des décrets puérils, presque aussi impudiques que la chose même ; à lui imposer la décence et la retenue dans le milieu même de la dépravation.

Les jeunes filles rêvent le théâtre, beaucoup sans doute par vanité, par coquetterie, par amour du bijou et de la fanfreluche, mais bien souvent aussi par un sentiment d'art très-réel. Dans la plupart de leurs imaginations, ces mots : *être artiste, avoir du talent*, passent même avant les cachemires, les écrins et les voitures.

Mais s'il leur était prouvé qu'elles peuvent arriver au talent, ou, pour parler plus simplement, se procurer les émotions dramatiques dans un milieu honnête, admis, avec des parents, des amis, jouer la comédie, sans s'avilir ni faire plus de mal que si elles dansaient une contredanse en famille, est-ce qu'elles seraient aussi disposées à se jeter dans la carrière des théâtres publics ?

Supposez que l'on trouve partout des actrices privées, souvent aussi fines, aussi intelligentes que beau-

coup de comédiennes de métier ; que la femme de
théâtre soit un fait usuel et courant, et non plus un
miracle, un oiseau rare, un objet de luxe et de haute
fantaisie ; croyez-vous que l'*entreteneur* d'actrices, ce
dernier vestige de l'antique Régence et de la gentilhommerie dorée, conserverait ses mêmes illusions, son
même empressement à combler de trésors les reines
des coulisses ?

Il ne peut jamais y avoir à Paris, les théâtres étant
constitués comme ils le sont à présent, que deux ou
trois actrices en vogue ; c'est pourquoi, il y aura toujours deux ou trois sardanapales effrénés, déterminés
à les couvrir d'or, afin de se mettre eux-mêmes à la
mode, à la remorque de ces mêmes actrices.

On ne sait pas ce que pourrait produire l'institution du théâtre universalisée, démocratisée. Elle serait
capable de supprimer entièrement la vieille immoralité
dramatique, de lui enlever ses séductions, ses sorti-
léges les plus réels ; c'est tout un art nouveau, un
nouveau centre de plaisirs, de mœurs et de principes
que l'on verrait éclore tout d'un coup sur le terrain
classique de tant de corruptions, d'abrutissements sociaux et intellectuels.

XXXII

Cette idée de décentraliser le théâtre et d'y intéresser le plus de monde possible, inventeurs et acteurs,

esprits et interprètes, afin de changer complétement son caractère et son but, portera-t-elle des fruits? Est-il besoin de dire que nous n'y comptons guère?

Il n'en est pas moins vrai que celui qui entreprendra de réformer par tel moyen que ce soit ce vieux nid d'abus, de préjugés, de désordres, de folies que représentent les mœurs théâtrales, fera une chose méritoire et dont le genre humain lui saura tôt ou tard un grand gré.

Ici, comme dans tout le reste, l'initiative doit partir principalement des philosophes, des moralistes, qui sont mieux à même que qui que ce soit d'observer les choses à fond et de débrouiller une question qui est devenue sociale autant que littéraire, à mesure que la démocratie a étendu son niveau sur le monde.

Cette question dramatique est, du reste, pour ainsi dire, toute vierge à l'heure qu'il est; certes, on n'a pas lieu d'être découragé par les initiatives préalables ni par les essais de réformes antérieures!

On a fait bien des révolutions en France, mais il en est une que l'on n'a jamais tentée, pas même rêvée; c'est la révolution du théâtre.

CHAPITRE X

I

Les journaux sont devenus le pain quotidien des temps modernes. Ceci est un fait qu'il n'y a plus désormais à contester.

Le journalisme est considéré par tout le monde, presque sans exception, comme un instrument tout-puissant de progrès, de civilisation, de perfectionnement, qui a déjà rendu de grands services à l'humanité et est appelé à en rendre encore de plus grands, à mesure qu'il arrivera à se constituer sur sa vraie base.

La presse a eu, comme toutes les choses humaines, ses bons et ses mauvais moments, ses jours de prospérité, même de toute-puissance, puis ses jours de défaillance, de revers, qui ont tenu d'abord aux événements, puis aussi aux défauts de son organisation, encore fort imparfaite sous bien des rapports.

II

La presse vit avant tout de liberté comme, du reste, toutes les parties essentielles du corps social. Mais sa force ne réside pas uniquement dans la liberté, qui n'est qu'un dogme, après tout, et qui ne vaut qu'autant qu'on l'applique.

« On n'obtient pas la liberté, on la prend, » a dit Rossi dans son cours; cela est vrai de tout et surtout des journaux, qui sont en mesure tous les jours de pratiquer eux-mêmes cette doctrine là.

On ne prend pas toujours la liberté à jour fixe et à point nommé; mais, à coup sûr, on l'amène, on la prépare, même dans les temps qui semblent le plus opposés à son principe. C'est par là qu'on arrive à consolider l'édifice et à le préserver des chutes futures.

Ainsi, supposons que demain, nous nous trouvions sous un régime de liberté de presse absolue, comme nous l'avons été à certaines époques transitoires, que chacun soit libre de faire les journaux qu'il voudra, sans entraves, sans contrôles d'aucun genre, il serait fort possible que la presse s'abaissât d'abord au lieu de se rehausser, qu'elle prît des allures moins dignes, moins intelligentes, moins morales même, que sous un régime de compression.

On ne manquerait pas, comme toujours en pareil cas, de faire payer au principe même les abus de la pratique et les torts des individus. La liberté de la presse serait jugée encore une fois complétement impraticable.

Il faut bien le dire, la presse n'a jamais eu jusqu'à ce jour de plus grande ennemie qu'elle-même.

Lorsqu'elle sera constituée comme elle doit l'être, placée dans les mains des hommes faits pour la diriger et la maintenir dans sa vraie voie, on peut dire qu'elle ne sera plus guère attaquable.

III

Les tendances au mercantilisme, à l'industrialisme, à la prédominance des intérêts matériels sur les intérêts moraux, que nous avons observées déjà dans bien des détails, nous les retrouvons dans le journalisme, plus marquées encore que partout ailleurs.

On sait que les idées de trafic, de spéculation, d'industrie, qui se concilient si bien en Angleterre et en Amérique avec les idées de liberté, d'intelligence, de journalisme, n'ont jamais pu parvenir jusqu'à présent à s'accorder en France.

Quel était donc le rôle de la presse française, en
voyant, à un certain moment, tous les esprits se préci-
piter en aveugles dans les voies d'une spéculation effrénée, ne plus confesser d'autre morale, d'autre foi que
celle des faits, des intérêts positifs? N'était-ce pas d'éviter à tout prix de se mêler à la bagarre agioteuse, de
tremper dans l'agitation financière?

Au milieu des excès du Bas-Empire, dans le dévergondage du patriciat romain, le catholicisme a eu bien
soin de revêtir les vertus qui formaient le contraste le
plus éclatant avec les vices de ses ennemis, l'humilité,
la chasteté, l'abstinence; c'est par ces moyens-là qu'il
est arrivé à saisir l'empire du monde.

La presse de nos jours a-t-elle suivi cette méthode de
protestation? a-t-elle compris que plus le siècle tendait
à s'industrialiser, à se matérialiser, plus elle devait rester pure de toutes préoccupations mercantiles, oppo-
sant sa haute autorité morale à cette fièvre de trafic et
d'argent qui courait dans toutes les têtes et toutes les
consciences?

Nous voudrions pouvoir répondre affirmativement à
ces questions-là; malheureusement, les faits sont là qui
disent le contraire.

IV

Nous avons dit dans le chapitre précédent : « Avant
tout, une pièce de théâtre est une affaire! » Ne peut-on

pas dire avec bien plus de raison encore : « Avant tout, un journal est une affaire ! »

Et pourtant, il est bien constant que le journal n'a pas été inventé pour cela !

Du jour où il est prouvé que les journaux sont des affaires, *des boutiques*, comme on dit dans le langage vulgaire, soyez sûr que toutes les phrases à effet *sur l'action civilisatrice, vivifiante et moralisante* de la presse tomberont complétement dans le vide.

Le public absorbera les journaux souvent à un très-grand nombre d'exemplaires, mais plutôt par habitude moutonnière que par un besoin d'intelligence : vous aurez sa curiosité, ses yeux, son corps, vous n'aurez ni son âme ni son esprit.

V

Comme il faut cependant que nous soyons toujours sur nos gardes et attentifs à la réalité de nos penchants et de nos mœurs, dans toutes nos imitations anglaises ! La plupart des choses que nous copions de nos voisins, semblent destinées à se fausser chez nous, souvent même à tourner à mal. Ainsi, nous empruntons à l'Angleterre son parlementarisme dont elle est si fière à juste titre, et nous ne tardons guère à voir ressortir tous les abus du régime nouveau, presque sans compensation ; la corruption, le trafic des consciences, le

déchaînement des ambitions, les excès de l'individualisme, la tribune politique convertie en Académie ora-
toire et submergée sans cesse par le flot des phraseurs,
des importants et des bavards.

Nous empruntons les écrits économiques et politiques à cette même Angleterre, et nous nous mettons
bientôt à tout délayer, à tout allonger sans fin dans le
pays de la concision par excellence : la patrie des *Pensées* de Pascal et des *Maximes* de la Rochefoucauld.

Enfin, nous empruntons l'*annonce* aux Anglais,
l'annonce si naturelle en apparence, si inoffensive, si
peu faite pour créer dans la presse des conflits et des
obstacles.

En Angleterre, l'élément commercial représenté par
l'annonce vit on ne peut mieux côte à côte avec l'élément intellectuel, représenté par la rédaction qui conserve, en dépit de son voisinage, toute son autorité, sa
dignité, son indépendance.

En France, à peine l'annonce est-elle introduite dans
le journal qu'elle domine tout, absorbe tout.

Personne n'ignore qu'aujourd'hui la plupart des
feuilles quotidiennes perdent sur leurs prix d'abonnement et ne réalisent de bénéfices absolument que sur le
prix des annonces.

Ainsi, l'annonce est tout, puisque le journal ne vit
que par elle; la rédaction n'est plus que l'annexe, la
dépendance de l'élément commercial; on voit tout de
suite où cela conduit!

Aussi peut-on, dès à présent, invoquer à propos de
la situation actuelle de la presse le titre de la célèbre
brochure de Sieyès : — Qu'est-ce que le journaliste? —
Rien... — Que doit-il être?... — Tout. — Mais ceci
est encore fort loin d'être réalisé.

VI

On tournera les choses comme on voudra; l'annonce
en France n'est pas populaire.

Elle a dans son principe et son application quelque
chose de grossier, de matériel, de cynique même,
disons-le, qui choque le côté pudibond et délicat de
nos mœurs, les qualités de goût, de distinction, de sentiment qui sont en nous, dans notre essence et dont
nous ne devons certes jamais rougir!

L'annonce après tout est le grand véhicule de toutes
les piperies, jongleries, impostures, embûches plus ou
moins déguisées, tendues à la portion crédule et ignorante du public.

Jusqu'à présent, les annonces n'ont jamais pu parvenir à s'acclimater dans les relations régulières et
normales de la vie, suivant la méthode anglaise. Tout
ce qui se fait annoncer en France a comme un mauvais arome de charlatanisme, excite tout d'abord un
sentiment de défiance et de répulsion.

Outre le côté du coup de trompette qui répugne à

notre bon sens, il y a aussi cette pensée qui n'a rien que de légitime chez un peuple jusqu'alors beaucoup plus chevaleresque et sentimental que réellement commercial et industriel, que, grâce à l'annonce, la petite industrie se trouve complétement écrasée par la grande.

Ce n'est plus le travail, le mérite de la main-d'œuvre qui assure le débit d'une marchandise, c'est la façon de la tambouriner. Toutes les spéculations équivoques, véreuses, toutes celles qui ont abouti dans un temps donné à des scandales, à des catastrophes judiciaires, ont eu généralement pour point de départ un déploiement préalable d'annonces à grand fracas.

Le préjugé subsiste, il n'y a guère à le discuter. Or, on ne peut disconvenir que si les journaux se trouvent appelés par leur constitution même à devenir le terrain naturel de l'annonce, il est presque impossible qu'il ne rejaillisse pas sur eux à la longue un peu de cette déconsidération que celle-ci traîne à sa suite.

Il y aura toujours une grande difficulté à concilier la première page du journal, si probe, si honnête, amie, avant tout, de la vérité, gardienne de la morale publique; avec cette quatrième page si hâbleuse, si mensongère, où s'entassent chaque jour pêle-mêle tant de spéculations mésestimées, de faussetés et d'amorces ridicules, qui représentent les plus mauvaises tendances de l'industrie, souvent aussi des mœurs.

VII

Grâce au progrès des annonces, qui n'est pas près sans doute de se ralentir, les journaux, qui ne devaient être, dans leur principe, que la libre communication d'un ou plusieurs écrivains avec le public qui lit et qui pense, sont donc devenus des affaires, et même de très-grandes affaires, avec des capitalistes, des bailleurs de fonds, des actionnaires, des directeurs, des sous-directeurs, des régisseurs, des administrateurs, des contrôleurs, tout l'attirail de la spéculation, de la banque et du comptoir.

Il arrive dans plus d'un cas que les abonnés d'une feuille ne prouvent pas toujours précisément en faveur de l'éducation et des lumières de son public; c'est souvent le contraire qu'on est forcé de constater.

Du moment où il est convenu que le journal est une affaire, il est tout simple qu'il se précipite de plus en plus dans la voie de l'industrialisme et des bénéfices à réaliser. La masse de ses lecteurs représente, avant tout, une clientèle dont il s'agit de tirer le meilleur parti possible.

Il y a, comme on dit, *de grands fonds engagés dans l'entreprise;* le mieux est donc de ne jamais courir de risques; ainsi, de prendre toujours, en politique, la note la plus atténuée, la moins compromettante.

En principe, tout grand public, quelle que soit sa nuance, n'aime pas les traits d'audace ni d'énergie. Plus on le laisse tranquille dans sa bienheureuse et patriarcale ignorance, et plus on est sûr de le conserver ; moins on le stimule et plus il s'abonne.

VIII

Même principe pour la littérature que pour la politique : l'intérêt de l'entreprise est également de tabler toujours au plus bas.

Ce qui attire la foule, ce qui *fait recette*, dans les journaux ainsi que dans les théâtres, on le sait, ce n'est pas toujours le vrai, le distingué, l'œuvre qui s'adresse directement au cœur et à l'intelligence.

Il est convenu que la foule n'aime et n'admire guère que le commun, le grossier. Tant mieux ! Il est d'autant plus aisé de la satisfaire ; poussons-la donc le plus possible dans ces eaux-là.

Le journal-affaire ne doit reculer devant rien de ce qui pourra lui servir à allécher et fixer son public.

Demain, il plairait à l'orang-outang du Jardin des plantes d'écrire ses mémoires, qu'il devrait les publier sans hésitation aucune, s'il croyait y voir un supplément de succès et d'abonnement.

Qu'importe que l'intelligence générale en soit altérée, faussée, que le public retourne insensiblement vers les

instincts de la brute, sur les pas d'une certaine littérature, d'une certaine invention grossière et barbare !
Avant tout les bénéfices, avant tout l'affaire. — Les
abonnés augmentent-ils ?... — Oui... — Cela suffit :
le grand but du journalisme est atteint.

IX

On crie souvent bien fort contre ces malheureux directeurs de spectacles des boulevards ; on leur reproche
leurs mélodrames, qui ont le tort, sans doute, de spéculer beaucoup trop ouvertement sur les instincts matériels de la foule. Mais du moins, ils peuvent invoquer
pour leur excuse les difficultés sans nombre qui pèsent
sur leur entreprise, leurs dépenses de chaque jour,
la faillite qui ne hurle que trop souvent à leur porte.

Mais que dire des journaux qui ont pour mission de
tout critiquer, tout redresser, de juger ces théâtres
mêmes, de les rappeler aux lois de la pudeur littéraire
et sociale, et qui font pire qu'eux dans plus d'un cas,
se placent volontairement au-dessous d'eux, grâce au
genre de publications qu'ils adoptent ?

Que dire de ces détestables mélodrames-feuilletons
qui devraient ne pas même exister, végéter tout au plus
honteusement dans les bas-fonds de la librairie subalterne, mais qui deviennent, grâce à la publicité que le

journal leur prête, tout un genre important, dominateur?

Notez que ce ne sont pas seulement les humbles et les pauvres qui s'y plaisent, ce sont aussi les gens éclairés qui finissent par en faire plus ou moins leurs délices, trouvent, par la force de l'habitude, que ce n'est pas là une lecture après tout si vulgaire ni si répugnante qu'on veut bien le dire.

Est-ce que le rôle du journal n'est pas de redresser sans cesse l'opinion quand elle s'égare, de faire une guerre acharnée, et même à ses dépens, à tous les préjugés, à toutes les barbaries qui déshonorent l'esprit public?

Mais quelle action veut-il donc exercer sur la conscience de tous, si, d'une part, il se laisse submerger par les annonces et les réclames qui poussent incessamnfent leurs flots tumultueux et envahissants à travers la rédaction jusqu'à disputer le terrain aux articles eux-mêmes; et si d'une autre, il donne asile dans ses colonnes à des productions de bas étage dont il rougirait lui-même de rendre compte après qu'il les a publiées?

Après cela, il se plaindra qu'on n'ait pas pour lui toute la considération voulue; que le public le voie paraître ou disparaître avec la plus complète indifférence, sans aucune marque de regret ni de sympathie. Comment veut-il qu'on le respecte, s'il ne commence pas par se respecter lui-même?

X

Le journal, en raison de la situation purement industrielle qu'il s'est créée, peut se vendre comme un immeuble, une usine, une exploitation quelconque, sans que les journalistes eux-mêmes aient rien à y voir.

Ainsi, telle feuille mise en vente par des circonstances quelconques est exposée à voir dénaturer complétement sa nuance et son caractère, à passer brusquement du blanc au noir, du jour au lendemain.

Encore une fois, est-ce là l'esprit du journalisme? A-t-il jamais pensé en s'instituant qu'il serait exposé un jour à passer de mains en mains comme la première denrée venue?

Quand on s'occupera de remanier la presse, de porter la pioche du progrès dans ce noble et intéressant édifice (et Dieu sait si cette réforme est urgente!), nul doute qu'on ne songe à se prémunir contre l'exploitation commerciale, qui est, du reste, comme on sait, de date récente, qui remonte à vingt ou vingt-cinq ans en arrière, au moment où on a cru devoir abaisser brusquement le prix d'abonnement des journaux.

Cette mesure, bonne en principe, est devenue funeste dans la pratique, parce qu'elle a été faite d'une façon subite, irréfléchie, comme un coup d'État, ou plutôt comme un coup de tête de la part de certains industriels préoccupés avant tout de leurs intérêts d'amour-propre et d'argent.

Du moins fallait-il en abordant cette réforme si grave, se livrer à un examen attentif de la constitution générale du journalisme, songer au public intelligent et éclairé qu'il faut toujours conserver quand même, et aussi, à la situation des écrivains qui se trouvaient engagés dans la presse sur la foi des traités, sans avoir prévu l'invasion soudaine de l'industrialisme sur le sol sacré des idées et de l'esprit.

XI

Il fut un temps où on considérait les journalistes comme des espèces d'êtres privilégiés, investis de toutes sortes de faveurs, de prérogatives, d'honneurs et d'avantages que leur attirait leur situation, qui touchait, disait-on, à toutes les influences, à tous les pouvoirs.

Est-il besoin de déclarer que ces temps-là sont, hélas! bien loin de nous?

Disons-le, au risque d'être démentis par quelques exceptions fortunées, ou bien par les esprits timorés et faibles qui ne savent pas accepter franchement la réalité d'un état de choses, il n'est pas de situation dans le monde plus précaire, plus réellement malheureuse que celle du journaliste actuel.

Où sont ses garanties? quels sont ses droits positifs?

que représente-t-il dans ces feuilles, qui sont d'immenses machines à annonces et à abonnements, devant ces directeurs qui réalisent l'autocratie sans contre-poids des intérêts matériels et d'un capital toujours considérable ?

Qu'on ne dise pas que l'écrivain est protégé par son talent, ses titres antérieurs : au contraire, ces choses-là lui sont souvent plus nuisibles qu'utiles; elles indisposent, offusquent, occasionnent des refroidissements et des ruptures dans plus d'un cas.

Songez que ce directeur peut être le premier droguiste, le premier bonnetier venu ! Comment prévoir les idées politiques et littéraires qui lui traverseront la cervelle, les rapports qu'il établira entre lui et les gens de lettres chargés de rédiger le journal sous son inspiration suprême?

Ne sera-t-il pas toujours instinctivement l'ennemi des écrivains de mérite, qu'il ne saurait traiter dans aucun cas comme les médiocrités subalternes auxquelles on peut imposer ses volontés et ses caprices?

Si ce directeur ignore la presse, il devient un fléau; s'il la connaît ou s'il a la prétention de la connaître, s'il cède à la manie d'écrivailler pour son compte, c'est un fléau plus terrible encore ! Tout ce qui n'est pas de lui, il le corrige, le mutile, le rarrange ; il dicte, *il inspire* sans fin ni trève.

Qui sait les choses qui tomberont de sa plume omnipotente? Qui est-ce qui osera jamais, non pas même le critiquer, mais ne pas se prosterner, se pâmer d'aise devant toutes les idées, les imaginations qu'il lui plaira de lancer à travers le journal qui devient le règne d'une volonté unique, au lieu d'être la république des plumes et des idées ?

Et nous crions souvent après les despotismes politiques ! En est-il au monde de plus terribles que celui-là ? Et où l'admettons-nous ? Dans le journal qui devrait rester perpétuellement le champ d'asile de toutes les dignités, de toutes les égalités, de toutes les indépendances !

XII

Si les choses en sont venues où elles en sont, il faut s'en prendre non pas seulement aux événements, mais aussi aux journalistes eux-mêmes, qui sont restés jusqu'à présent dans le fatalisme le plus complet à leur égard et n'ont guère songé à fixer ni à définir leur condition, ce qui était peut-être le seul moyen de la protéger et de la constituer.

Le journalisme est loin, comme on sait, d'avoir eu toujours les mêmes destinées à toutes les époques. Dans les moments de crise et d'effervescence politique, il prend une importance telle, qu'il balance parfois celle des gouvernements eux-mêmes.

Dans les moments de calme ou de compression, ce qui revient au même, son rôle est infiniment plus secondaire et plus restreint. C'est la différence de l'armée en temps de guerre ou en temps de paix.

L'homme de lettres qui s'est engagé au service de la presse doit s'être fait d'avance une âme, une philosophie toute prête pour ces deux états-là.

La presse, dans ces jours de tiédeur où elle semble n'être plus l'objet principal des préoccupations du public, commettrait une grande faute si elle s'abandonnait elle-même sous prétexte que les circonstances ne lui sont pas favorables; si elle se livrait volontairement et de gaieté de cœur aux esprits médiocres, aux plumes inintelligentes et vulgaires.

C'est le moment au contraire de redoubler d'intelligence et d'énergie, de prouver que l'institution est toujours plus forte que les choses.

XIII

Le journaliste a cru devoir ne jamais se préoccuper de sa situation matérielle; à la fois insouciance, désintéressement chevaleresque, amour de la liberté poussé à l'extrême. Il devait nécessairement être victime de ses inclinations imprévoyantes et généreuses, dans un temps essentiellement positif où chacun ne songe absolument qu'à soi.

La condition de l'écrivain dans le journal, à force d'être indépendante, a fini par devenir complétement dépendante.

Il est arrivé progressivement à se voir soumis à toutes les exigences, à toutes les tyrannies de la propriété, tout en courant sans cesse des risques très-réels pour sa personne et sa liberté, en s'épuisant dans un travail ingrat, méconnu, presque toujours rabaissé, surtout par ceux qui en profitent.

Il est convenu que le journal ne doit absolument rien au journaliste : celui-ci n'a pas même droit à ces indemnités quasi-légales que l'on assure aux fonctionnaires subalternes quand on s'en sépare.

Qu'on ne dise pas, en invoquant faussement le principe de liberté, qu'en cas de rupture, les conditions sont égales entre la propriété et l'écrivain, qui est toujours à même d'aller chercher fortune ailleurs ; le contrat est tout à l'avantage de l'un et au détriment de l'autre, surtout avec l'organisation de la presse actuelle, constituée en quelques grands fiefs absorbants et monopoleurs.

On quitte un journal ; il n'est pas vrai que l'on puisse toujours trouver asile chez le voisin ; beaucoup de raisons s'y opposent : l'opinion, les questions de personnes et de parti. D'ailleurs, disons-le en passant, ce n'est pas toujours dans les journaux de son propre parti que l'on trouve le plus de sympathie et d'intérêt.

Le journaliste quitte le journal ; c'est sa faute, soyez-en sûr ! D'abord, son talent baissait à vue d'œil, de l'avis de tous ; de plus, son caractère s'aigrissait de jour en jour : à la fois bilieux, quinteux, acariâtre. Quel amour-propre monstre ! Quelle infatuation de son mérite ! Dans tous les cas, il devenait décidément trop influent. A quoi bon donner de l'importance à un rédacteur, créer dans une affaire des individualités marquantes qui deviennent toujours à la longue un embarbarras et un danger ?

Ainsi s'exprime la propriété, et la galerie d'approuver et d'applaudir...

Et c'est avec de tels principes que nous nous flattons d'avoir une presse considérée, solide, véritablement indépendante, quand nous la laissons soumise à toutes sortes d'éventualités mesquines et déplorables !

En Angleterre, du moins, on paye le journaliste ce qu'il vaut ; on comprend que ce serait à la fois une inconvenance et une imprudence sociale de faire de l'homme qui tient la plume sous la dictée du public, un pauvre diable besoigneux, et qui ne peut, certes, pas voir d'un bien bon œil aucune espèce d'ordre de choses, quand il se trouve sans cesse aux prises avec toutes les inquiétudes et les crises de l'existence matérielle.

En France, on ne sait même pas comment vit le journaliste ; si on pouvait ne pas le payer du tout, on serait fier et enchanté.

Défense à tout homme de la presse de se marier et d'avoir des enfants.

XIV

Nous ne cherchons pas la solution, nous nous bornons à indiquer les abus; c'est déjà bien assez!

On se demande comment il se fait que dans la plupart des journaux, la rédaction soit complétement mise à l'écart par la propriété, n'ait jamais voix au chapitre dans les conseils, dans les délibérations politiques et intellectuelles, où son intervention pourtant serait si convenable et si juste!

Ceci est non moins extraordinaire que de voir des actionnaires doubler souvent deux ou trois fois leurs capitaux dans certains journaux, tandis que les rédacteurs ne réalisent généralement pas de quoi se faire enterrer.

Il y a des gens et même des gens de lettres qui trouvent cet état de choses parfaitement normal, légitime, qui croient que tout est pour le mieux dans le meilleur des journalismes possibles: grand bien leur fasse! Mais nous n'en soutenons pas moins qu'il y a pour la presse quelque chose de mieux à faire que ce qui se fait actuellement.

Les journalistes ont eu le tort peut-être de s'isoler beaucoup trop les uns des autres, dans un temps où tout s'associe, s'agglomère, tend à se constituer en noyaux et en groupes.

Sans doute, le principe d'association est d'une application difficile pour les métiers d'intelligence et d'amour-propre : il offre des inconvénients, même des dangers incontestables; peut être ne faudrait-il pas cependant le rejeter absolument.

Il y a certainement un lien commun à trouver entre les hommes attelés à la charrue du journalisme, un centre à constituer, un foyer de protection et de défense mutuelle qui permettrait de lutter dans certains cas contre la domination des intérêts matériels et administratifs.

Mais ce ne serait là, dans tous les cas, qu'un palliatif, un pur détail dans la réorganisation de la presse.

Les garanties véritables du journalisme résideront toujours avant tout dans le caractère, la fermeté, les mœurs des hommes qui le représenteront.

XV

On s'est souvent exagéré de notre temps la portée du journalisme; elle est assez étendue, assez considérable par elle-même sans qu'il faille la grossir encore.

Le journal est beaucoup, mais ce n'est pas tout : il représente la vulgarisation, la monnaie courante de l'intelligence, mais ce n'est pas toujours l'intelli gence même.

Un siècle qui ne voudrait faire et lire absolument que des journaux risquerait fort de perdre bien vite une partie de sa séve et de sa vigueur intellectuelle.

Sans doute, il ne faut pas que les idées affectent artificiellement la forme de la cristallisation classique, quand ce n'est pas le temps. Mais il ne faut pas non plus qu'elles s'éparpillent, se pulvérisent sans cesse à l'infini.

On peut sous ce rapport regretter la subordination presque absolue du livre au journal qui s'est faite depuis le commencement de notre siècle.

Nous avons eu le tort peut-être de faire les journaux si attrayants et les livres si ennuyeux. Pour certains sujets, certaines matières étendues ou condensées, rien ne saurait remplacer le livre.

XVI

Le journalisme, si on veut l'apprécier au juste pour ce qu'il vaut, doit être considéré avant tout comme un genre intellectuel et littéraire analogue aux autres. Il a par conséquent, en tant que genre, ses lois particulières, ses lacunes et ses limites.

Certains journaux ont été créés pour les époques révolutionnaires; c'est alors qu'on a vu l'influence de la presse grandir avec son attitude, et son langage prendre parfois les accents les plus élevés du pamphlet et de l'éloquence.

Les journaux de crise et de révolution, individuels pour la plupart ou bornés à un fort petit nombre de rédacteurs ne représentent guère que l'exception, l'idéal, si l'on veut, de la presse.

A côté de ceux-là, il y a les journaux des temps ordinaires, ceux qui fonctionnent quand même et sous tous les régimes. On ne peut se dissimuler que le rôle de ces derniers, inférieur dans tous les cas sous plus d'un rapport, ne devienne parfois embarrassant, difficile même, surtout dans les moments où il y a disette absolue de nouvelles, de faits, d'émotions publiques, de tout ce qui constitue surtout la raison d'être du journal.

Il est fâcheux que nous ne soyons pas encore assez raisonnables, assez mûrs en fait de publicité, pour ne pas concéder aux journaux quotidiens le droit d'imprimer de temps à autre, en tête de leur première feuille, en guise de *Premier-Paris*, la phrase suivante : — « Aujourd'hui, nous n'avons absolument rien à dire. »

Cette nécessité d'imprimer toujours quoi que ce soit, quand même, tous les jours, a certainement quelque chose qui choque parfois l'intelligence et la raison.

Quand l'honnête homme n'a rien à dire, il se tait. Le journal, lui, n'a jamais le droit de se taire ; aussi, c'est surtout dans les jours de pénurie qu'il lui faut veiller attentivement sur lui-même, pour éviter les lieux communs, les remplissages qui engendrent si vite le sophisme, la déclamation, le verbiage, la discussion oiseuse, toutes choses propres à fausser et énerver l'esprit public par le journal, qui est devenu presque sa seule nourriture morale et intellectuelle.

XVI

On a dit bien souvent que le journalisme fatiguait les talents, usait les plumes, surmenait les intelligences. Généralement les plumes et les esprits s'usent bien plutôt par la paresse et la rouille que par l'exercice même le plus violent.

Il est certain pourtant qu'il y a une différence constante à établir entre le style du journal et celui de l'œuvre recueillie et méditée. L'homme supérieur ne s'y trompe pas. Il s'arrange toujours pour ne donner au journal que ce qu'il doit lui donner.

Il sait se préserver des défauts qui tiennent à la nécessité d'improviser, imposée presque constamment par la condition de la presse, la diffusion, la faculté souvent malheureuse d'étendre et de délayer toutes choses, le ton superficiel et tranchant, la faconde de la plume, non moins dangereuse et fatigante à la longue que celle de la parole.

Il connaît, en un mot, le fort et le faible d'un genre essentiellement hâtif, transitoire, quant au mode de production, qui porte généralement plutôt par la multiplicité des coups que par leur profondeur.

Il n'oublie pas qu'on n'a jamais pu faire de vrais livres avec des articles de journaux, pas plus au reste qu'on ne saurait faire un journal avec des fragments de livres.

XVII

Oui, certes, le journalisme a ses déboires, ses misères, mais il faut bien reconnaître qu'il a aussi ses compensations, ses avantages, qui sont, hélas! une des causes principales de sa mise en exploitation industrielle.

Les agréments d'amour-propre et de position qu'il procure parfois peuvent servir à allumer au fond du cœur de l'écrivain certaines passions dangereuses, inconciliables avec l'exercice noble et désintéressé de l'intelligence.

Nous ne parlons pas des gens qui font du journalisme un trafic individuel : ceux-là représentent de bien tristes exceptions, fort rares du reste aujourd'hui et maladroites dans tous les cas au moins autant qu'immorales.

L'argent que gagne une plume vénale porte toujours avec lui une si mauvaise odeur de scandale et de corruption, qu'on ne s'explique guère que, dans un temps, où il y a tant de façons de s'enrichir, on aille précisément choisir la plus compromettante et la plus affichée.

Nous ne voulons parler ici que de la vanité et de

l'ambition, deux penchants contre lesquels l'homme de cœur et de raison est forcé de réagir sans cesse dans l'exercice du journalisme.

XVIII

La presse a souvent fait des ministres, des conseillers, des ambassadeurs, des hommes d'État. Pourquoi la politique n'aurait-elle pas puisé dans ces rangs où se trouvent souvent tant de têtes studieuses, réfléchies, tant d'individualités brillantes, d'esprits vraiment supérieurs ?

Mais cette faculté d'arriver à tout par le journal devait avoir pour effet d'éblouir certains hommes de la presse, de les entraîner incessamment dans des régions d'ambition et d'envie de parvenir qui ne sont pas toujours celles des sentiments et des idées.

Ils ont pu croire qu'ils se trouveraient toujours dans des temps d'exception, où on ferait avec un article de journal le *destin des couronnes*. Ils n'ont pas prévu qu'une telle étendue d'influence amènerait nécessairement des représailles, des compressions expiatoires, contre lesquelles il faudrait savoir lutter en gardant une attitude ferme et résignée, plus forte à la longue que toutes les attaques.

Mais comment lutter, si le journalisme de convictions et d'idées s'est laissé amollir, absorber pour ainsi dire tout entier par la petite gloriole de la colonne de journal ; si chacun s'est endormi dans les délices de Capoue de la publicité quotidienne, au point de tout subir, de tout accepter, plutôt que de renoncer au besoin, au genre d'influence et de notoriété au comptant que procure l'article, ce Capitole d'un jour ; si on s'est persuadé que le journalisme n'était que l'antichambre perpétuelle des hautes dignités politiques, qu'il n'était bon qu'à traverser seulement pour atteindre le plus vite possible les sphères officielles et gouvernementales ?

Viennent les mauvais jours, les jours de langueur ou de revers, le journaliste aura bientôt à reconnaître combien il a eu tort de dénaturer lui-même sa mission, de ne pas s'être assez souvenu que sa seule et vraie force consistait dans la négation de toute pensée d'individualisme ambitieux.

Le journalisme n'est pas un pouvoir comme on se l'est trop souvent figuré : c'est mieux qu'un pouvoir, c'est une abnégation, c'est un apostolat.

Ce qu'il lui faut désormais pour le sauver, ce ne sont pas tant des intelligences et des talents que des désintéressements, de vrais hommes, de vrais caractères.

XIX

Aussi, peut-on, dès à présent, distinguer deux espèces de journalistes : le journaliste du passé et celui du présent; celui qui a pu céder, dans de certaines occasions, aux enivrements d'une profession trop nouvellement introduite dans nos mœurs pour ne pas entraîner avec elle certains malentendus, certains abus; et puis, celui qui a su profiter des dures leçons de l'expérience pour se constituer dans de nouvelles idées, plus conformes à la dignité et aussi au véritable maintien de la presse.

Le journaliste actuel n'est plus du tout cet homme dominateur et tranchant, que l'on a connu et redouté quelquefois. Vous le trouverez toujours, à l'avenir, accessible, modeste, naturel, plutôt au-dessous qu'au-dessus de son importance réelle.

Il n'ignore pas que ces fonctions de juge, ou, si l'on veut, de *jugeur* universel qu'il est appelé à remplir, ont pu exciter, non pas seulement chez les gouvernements, mais aussi chez les simples particuliers, des préventions, des défiances plus ou moins fondées. A quoi bon, dans tous les cas, les autoriser ou les grossir?

Un article de journal peut causer parfois des accès de désespoir, des blessures d'amour-propre pires que la mort; aussi de combien d'attentions, de scrupules vraiment humains s'entoure celui qui le rédige!

Le journal a tant de moyens de se faire craindre, autant souvent par son dédain ou son silence que par ses hostilités directes! N'est-il pas presque toujours à l'état de forteresse armée à l'égard des individus isolés? Les coups qu'il porte, on ne peut guère les lui rendre. Un tel pouvoir ne se justifie que par la haute équité, la courtoisie parfaite, l'extrème convenance chez celui qui en dispose.

Arrière donc la violence, l'invective, le dédain, l'injure, les provocations de plume! Aucune passion, aucune conviction n'en autorise l'emploi. Est-il vrai que notre temps ait vu se créer dans le sein de la presse même une certaine secte de grossiers et d'aboyeurs littéraires qui s'est intitulée *l'école de l'insolence?* Triste école, en vérité, et qui ne peut se rattacher dans tous les cas qu'aux partis des morts ou des mourants!

N'est-ce pas une pratique bien vieille actuellement et bien regrettable aussi à tous les points de vue que cette polémique éternellement acrimonieuse, railleuse et méprisante entre les journaux qui arrivent si vite à s'entreprendre et s'invectiver, sous prétexte qu'ils ne sont pas du même bord et ne professent pas les mêmes doctrines?

Ce qu'un homme n'oserait jamais dire à un autre homme, un journal le dit volontiers sans scrupule à un autre journal. Est-ce donc en s'accusant si volontiers les uns les autres de mauvaise foi, d'ignorance, de balourdise, de déloyauté, de déraison, que les journaux prétendent se faire respecter du public?

Le ton du journalisme, tout en restant toujours franc, sincère, ennemi des fadeurs et des détours, ne doit-il pas être avant tout celui du bon goût et de la bonne compagnie? La politesse n'est-elle pas plus essentielle encore lorsqu'on imprime que lorsqu'on parle?

XX

Le journaliste actuel ne vise plus jamais à l'homme d'État sous aucun prétexte.

Il est bien convaincu d'avance que, quoi qu'il advienne, il ne sera rien, il ne veut rien être. Sa place est dans la foule et ne saurait être ailleurs.

Il distribue la réputation, les honneurs et les faveurs de la célébrité, sans jamais y prétendre directement pour sa part. Les facultés de l'intelligence et du savoir qu'il possède, il les consacre tout entières à l'accomplissement de sa mission. Aussi, comme on sent toujours en lui le philosophe, l'homme de désintéressement derrière l'homme de la publicité!

Ne l'accusez plus surtout d'être un esprit d'opposition quand même. Pour lui, la polémique n'est qu'un instrument de progrès, un acheminement vers la concorde universelle. Il n'aspire qu'au jour où les dissentiments humains seront terminés à jamais pour cesser d'être journaliste et n'être plus que simple citoyen.

Ces menues faveurs, ces immunités de la presse qu'on lui a reprochées tant de fois avec tant d'amertume et

d'envie, comme il les dédaigne, parce qu'il ne sait que
trop ce qu'elles coûtent !

Ce qu'il demande avant tout, c'est le dégagement
complet de toute influence étrangère à la vérité même,
son entière liberté à l'égard de la politique, de l'industrie, de la finance, des arts, des livres, des
théâtres, etc.

Peut-il en être autrement dans un temps où l'on voit
des directeurs, des actionnaires de journaux à genoux
devant des actions de chemins de fer, devant des loges
de spectacle!... Ah! malheureux! vous parlez de la
liberté de la presse, et vous vendez vous-mêmes cette
liberté, tous les jours, en détail!...

Attendez-vous aussi à lui voir mépriser les louanges,
surtout celles qui émanent du journal.

Quand il est convenu que des hommes, sous prétexte
qu'ils appartiennent à une même feuille, se doivent
constamment et à tout propos un tribut réciproque de
cajoleries, d'effusions, d'encensements interminables,
quelle opinion peuvent-ils donner au public de leur
impartialité? Quelle sorte d'estime ou d'affection peuvent-ils éprouver pour autrui, quand ils ont tant de
sympathie et d'enthousiasme pour eux-mêmes?

Mais, direz-vous, ce journaliste si accompli, si complétement dégagé de tous les intérêts d'ici-bas, où le
trouver? Dans le troisième ciel, et encore!... Non,
dans ce monde-ci, et peut-être plus tôt qu'on ne croit.

Le spectacle même des excès de la presse actuelle

doit hâter sa transformation. La vérité, dans ce monde, ne saurait rester longtemps sans asile ni s'abriter toujours sous de faux étendards.

Le vieux journalisme industriel, absorbant, oppressif, passe-partout d'annonces et de réclames, machine à dividendes, instrument d'exploitations de toute espèce, est destiné à disparaître tôt ou tard. Les écrivains de conscience et de jugement reconnaissent aujourd'hui à peu près unanimement qu'ils n'y pourraient plus trouver les garanties de condition et d'intelligence auxquelles ils ont droit.

Puisse donc la réforme de la presse s'accomplir bien vite! Non seulement les écrivains eux-mêmes y gagneront, mais aussi les mœurs publiques, qui sont liées si étroitement de toutes façons aux destinées du journalisme.

CHAPITRE XI

LES ACADÉMIES

I

On comprend très-aisément qu'il y ait dans ce monde
des hommes qui tiennent à s'asseoir sur des estrades
plus élevées que leurs semblables, qui recherchent les
séances d'apparat, les compliments, les rubans, les
habits brodés, les discours officiels où l'on se félicite
sans fin et à bout portant les uns les autres, en présence d'assemblées moins fleuries, moins parfumées,
moins enrubanées que les discours eux-mêmes. Les
académies procurent toutes ces choses-là.

Mais ce qu'on s'explique bien moins, c'est que ces
mêmes hommes soient généralement ceux qui crient
le plus fort en faveur de la liberté, qui protestent
qu'elle a tous leurs penchants, tout leur amour.

On est forcé de leur faire remarquer qu'une liberté

si décorée, si brodée, chamarrée de tant d'honneurs et d'insignes, risque fort de n'être guère comprise du public, qui se la représente sous une apparence infiniment plus modeste et plus humble.

L'homme vaniteux n'est jamais libre. Du moment où son amour-propre est en jeu, surtout l'amour-propre scientifique et littéraire, le plus intraitable de tous, il est toujours prêt à accepter un joug quelconque.

Que les gouvernements, même soi-disant les plus détestés par lui, lui jettent un bout de ruban, un hochet quelconque, et tout de suite le voilà qui rampe et se met à les cajoler. Ses idées d'indépendance et d'opposition tombent tout d'un coup comme par enchantement devant le premier hameçon de gloriole et de flatterie qu'on lui présente.

La crainte d'être éclipsé par ses rivaux, le sentiment de son importance personnelle, de son mérite supérieur, tous les sophismes de l'ambition et de la vanité, ne tardent guère à triompher en lui des scrupules de la conscience.

II

Cette nécessité pour les académies d'être une fabrication constante de fausses louanges, de flagorneries à perpétuité, suffit pour les mettre en suspicion aux yeux des amis de la vérité ; la vérité n'étant autre chose que la liberté sous une autre forme.

Il semble que cette éloquence de panégyrique intarissable soit toujours prête à couler pour tout le monde indistinctement, pour tous les partis, toutes les causes, même les plus antipatriotiques.

On n'a pas oublié qu'à l'époque de nos désastres, les académies ont trouvé des accents louangeurs, des allusions flatteuses en faveur des souverains étrangers qui venaient pour nous envahir et avec l'intention bien arrêtée de démembrer la France.

III

On a dit que les académies étaient.nécessaires au progrès des sciences et des lettres. Le contraire a été prouvé bien des fois. Dans tous les cas, les sciences et les lettres modernes seraient bien près de leur chute, si elles ne pouvaient subsister qu'à l'aide de l'excitant académique.

Est-ce que les Anglais, que nous imitons si souvent à faux et si rarement dans leurs bons côtés, ont la religion des académies ?

En ont-ils eu pour cela moins de poëtes, de penseurs, d'historiens ? Niera-t-on qu'ils aient une place considérable à la fois dans les lettres et dans les sciences théoriques et pratiques ?

Ils ne croient pas néanmoins devoir s'enfermer une

fois par semaine dans des monuments spéciaux pour se brûler des pastilles odorantes au nez les uns des autres et se faire humer mutuellement d'énormes doses d'encens. Ils savent se créer des passe-temps à la fois moins puérils et moins gothiques, plus dignes d'une nation qui se dit libre à bon droit, parce qu'elle est mâle et sensée, ennemie de tous les fétichismes et de tous les apparats du temps passé.

<h1 style="text-align:center">IV</h1>

. Pour les lettres, l'institution des académies a des effets plus dangereux encore peut-être que pour les sciences.

Si vous voyez jouer sur un de nos théâtres une comédie bien froide, bien alignée, bien glacée, assaisonnée d'un bout à l'autre de cette morale mesquine et fausse qu'on est convenu d'appeler *morale bourgeoise*, soyez sûr d'avance que cette comédie a été composée au point de vue de l'Académie, pour viser au fauteuil.

Ces pièces-là, faites dit-on dans l'intérêt des mœurs, leur nuisent bien plutôt qu'elles ne leur servent. Elles endorment et énervent le public ; elles exigent d'ailleurs chez ceux qui les composent surtout le calcul, la circonspection, l'esprit de conduite et d'intrigue, une sorte de tartuferie générale de la forme et de la pensée : rien pour la franchise, rien pour la libre appréciation des hommes, pour la vraie critique du temps.

.Le grand fonds du talent de l'homme d'académie est de tout gazer, de tout dissimuler, de tout éteindre.

Le type de l'académicien, c'est Fontenelle, ayant la main pleine de vérités et n'osant pas l'ouvrir, de peur de se causer à lui-même quelque préjudice, tout en faisant du bien à ses semblables?

Franchement, est-ce là le rôle, le devoir de l'homme de lettres d'aujourd'hui? Est-ce ainsi qu'il compte sauver le peu d'influence qui lui reste?

V

—Mais, dit-on, est-ce qu'il n'est pas bon que les savants et les lettrés se réunissent parfois et se voient de temps en temps?

Oui, surtout s'ils ont quelque chose d'utile à se dire; mais s'il s'agit tout simplement de parader, de se sourire réciproquement, d'étaler leurs uniformes et leurs amours-propres aux yeux les uns des autres, ils feraient infiniment mieux de rester chez eux.

Lorsque Richelieu a dit aux écrivains : « Quittez donc cette petite et chétive maison de Conrart pour vous réunir au Louvre, dans une résidence grandiose, splendide, » l'Académie française fut fondée ce jour-là; mais les gens de lettres aliénèrent leur indépendance, prirent une chaîne officielle qu'ils n'auraient peut-être jamais l'énergie de secouer.

L'Académie, à quelque point de vue qu'on l'envisage, ne saurait jamais être qu'une dépendance de tous les gouvernements possibles. Elle se réunit *dans un palais*, c'est tout dire ; il lui faut avant tout le cérémonial, l'appareil des palais et des cours.

VI

Sans doute, elle a de grandes chances de se maintenir pendant bien longtemps encore, grâce au côté si profondément routinier de nos mœurs, à cet éternel *granit* français dont nous parlions plus haut à propos des théâtres privilégiés, et dont l'Académie représente un des plus purs échantillons.

Mais ceci n'empêche pas que les hommes impartiaux et qui sont de leur temps ne voient dans les académies beaucoup plus d'inconvénients que d'avantages, ne les considèrent surtout comme une pépinière éternelle de rhéteurs, de déclamateurs, de courtisans plus ou moins déguisés qui s'exercent sans cesse à la courtisanerie sur leurs confrères et sur eux-mêmes.

Si nous tenons quand même à nos vieux tabernacles, si nous ne voulons jamais les démolir à aucune époque, ni sous aucun prétexte, ne nous étonnons pas si les autres peuples nous accusent d'être une nation essentiellement *académique*, c'est-à-dire incapable de distinguer le mérite de nos savants, de nos poëtes, de nos orateurs, s'ils n'ont point le cachet officiel.

Que de moqueries, du reste, que d'épigrammes n'a-t-on pas accumulées de tout temps, que n'a-t-on pas dit, que ne dit-on pas tous les jours encore contre les académies, qui nous paraissent être ce qu'elles sont en effet, des monuments à peu près aussi utiles et intéressants pour nous que les hypogées romaines, les dernières chapelles du préjugé et de l'orgueil !

Les esprits un peu sensés et clairvoyants, ne s'y trompent pas.

Mais qu'une vacance arrive, qu'un fauteuil soit libre, tout de suite vous les voyez tous s'agiter, se ruer, se confondre en visites, en intrigues, en manœuvres, en courbettes de toute espèce.

Quoi de plus étrange et de plus attristant pour nos mœurs. Personne aujourd'hui, en France, ne croit plus aux académies, et pourtant tout le monde veut en être !

VII

Oh ! vous qui aspirez après les honneurs de l'Académie française, dites-vous bien que du jour où vous avez dépassé ce seuil sacré, vous venez de passer un nouveau bail avec l'ancien régime !

Vous n'êtes plus de votre temps, vous êtes un homme de la cour de Louis XIV ou de Louis XV ; vous êtes arrivé grâce à la faveur de madame de Montespan, de madame de Pompadour ou même de madame Dubarry.

Songez bien que vous allez vous trouver dans le sanc-
tuaire face à face avec les petits-fils des croisés, les pe-
tits-neveux des courtisans de l'Œil-de-Bœuf !

Quelle communauté d'idées et de principes pensez-
vous avoir avec eux ? Ce qu'ils respectent, vous l'atta-
quez ; ce que vous adorez, ils le nient. Leur paradis
ne saurait jamais être que votre enfer ; vous devriez
les fuir, les éviter à tout prix, et vous vous jetez volontairement sous le feu de leurs dédains courtois, de
leur persiflage impitoyable.

Ah ! tenez, soyez francs ! vous ambitionnez ces
vieilles palmes, non pas seulement par ambition, par
gloriole littéraire, mais aussi par aristocratie. C'est
pour vous rapprocher d'eux, pour avoir le droit de
vous dire en quelque sorte leurs égaux, leurs pairs,
que vous tenez à vous asseoir sur les vieux fauteuils
de Richelieu.

On s'imagine être une façon de gentilhomme, de
grand seigneur, du moment où on est de l'Académie
française.

VIII

Oh ! bourgeois, éternels bourgeois que nous sommes !
A quelles superstitions, à quelles misérables vanités
obéissons-nous donc encore tous les jours !

Oh ! oui, certes, l'amour-propre est bien pour le

Français le plus terrible despote qui existe! C'est à lui qu'il a dû et qu'il devra toujours toutes ses entraves, tous ses asservissements.

Si ce sont les gens de lumières et d'étude qui donnent l'exemple des fétichismes incurables, des génuflexions indignes, que fera donc la foule, cette foule aveugle, ignorante et passive; et comment veut-on qu'elle s'éclaire et devienne jamais capable de liberté et d'émancipation, quand elle a de tels enseignements devant les yeux?

IX

Tenants et champions de l'Académie française, reconnaissez donc enfin combien le principe est faux, en contradiction flagrante avec les idées d'aujourd'hui! L'Académie ne paraît jamais plus ridicule ni plus arriérée que lorsqu'elle essaye de faire la jeune et de se rapprocher du présent.

De temps en temps, elle appelle à elle des hommes nouveaux ou considérés comme tels, des façons d'oseurs, de novateurs plus ou moins avérés; mais elle a bien soin de leur assurer d'avance sur tous les tons qu'ils resteront hommes d'initiative et d'indépendance, tout en étant académiciens; qu'on ne leur rognera nullement leurs ailes. Voilà certes de singulières précautions que l'on croit devoir prendre! Que dites-vous de ce certificat de non-castration littéraire qu'on leur offre pour leur bienvenue?

Mais le public n'est pas dupe de pareilles protestations. — Donc il est de l'Académie, donc il ne dira plus rien, ne fera plus rien : vous n'ôterez jamais de son esprit cette idée-là, que du reste les faits ne se chargent que trop souvent de vérifier.

Tel qui avait hier encore son franc-parler en politique et en littérature ne l'a certainement plus du jour où il est entré dans ce Panthéon élastique où tous les régimes, tous les partis vivent si bien côte à côte et dans les meilleurs rapports de politesse, d'élégance et de fusion.

Mais sous cette apparente égalité, qui ne dépasse jamais l'épiderme, ne sait-on pas bien qu'il y a toujours un parti qui domine tous les autres, et ce parti-là n'est certes pas celui qui a rompu avec la caste et le privilége, et qui professe la foi de 89 ?

La Révolution en sait quelque chose ; elle qui sort bien rarement d'une séance de l'Académie française sans avoir reçu quelque meurtrissure, sans qu'on lui ait décoché quelque bonne vieille allusion bien hostile et bien venimeuse, ne fut-ce que pour lui prouver qu'on ne l'a pas oubliée.

X

Les velléités d'opposition politique ne réussissent pas mieux à l'Académie que les velléités d'innovation.

Lorsqu'elle fait mine d'ouvrir les hostilités contre un gouvernement quelconque, on prend bien rarement au sérieux ses démonstrations guerroyantes. — Pourquoi, lui dit-on, attaquer celui-là, quand vous en avez adulé tant d'autres? A quoi servent vos petites pointes d'acrimonie, d'animosité, à travers des harangues dont le fond ne saurait être jamais que l'essence de toutes les flatteries, le miel officiel de toutes les époques?

L'Académie est avant tout un clergé aristocratique et littéraire : par conséquent, lorsqu'elle a l'air de se plaindre et de se fâcher, chacun se dit que ce ne peut être qu'un petit nuage qui passera très-vite; bouderies de moines et d'abbés contre le pape.

Elle n'a pas même le droit de remontrance échu aux anciens parlements; elle n'a que le droit de compliment et d'apologie.

De toutes les formes d'opposition, la plus nulle, la plus impuissante sans contredit est l'opposition académique. Elle réside tout entière dans les allusions, les faux-fuyants, les circonlocutions vagues et détournées; c'est affaire de fleurs de rhétorique énigmatiques.

D'ailleurs, de quel effet ces hostilités imperceptibles peuvent-elles être suivies? On n'a jamais vu, on ne verra jamais d'académicien démissionnaire.

XI

— Eh bien! oui, je le déclare, l'Académie m'est nécessaire ; je professe pour elle le respect et le culte du temps de Louis XIV : pour moi, l'Académie française, c'est la consécration, le baptême, le véritable couronnement de l'homme de lettres...

Que de bons vieux poëtes qui n'ont jamais pu sortir de l'idolâtrie de leurs hémistiches et du culte de leurs propres tragédies s'expriment ainsi, rien de plus juste.

Ou bien encore, de jeunes ambitieux, des enfants du siècle décidés à se produire quand même et par toutes les voies possibles. — Pour moi, disent-ils, les académies sont une valeur sociale qui s'escompte encore dans un certain monde; c'est une façon d'inspirer la confiance aux pères de famille ; je n'y crois pas, mais d'autres y croient, et cela me suffit pour tâcher d'en être.

On conçoit également cette doctrine-là.

Mais que des amis fervents de la liberté et de la démocratie ne sachent pas même se mettre au-dessus du préjugé académique, qu'ils ne soient pas à la hauteur de ce désintéressement du fauteuil, qui n'exige cependant pas de grands efforts de civisme ni de vertu, voilà qui certes ne s'explique guère !

Vouloir être en même temps candidat de l'Académie et candidat de la démocratie, c'est trop de deux prétentions à la fois ; il faut nécessairement que l'une dévore l'autre.

Ah ! rejetons-le bien loin et à tout jamais ce titre sacré de démocrate, si nous devons le compromettre et le profaner sans cesse, en l'exposant aux mépris et aux risées des aristocraties que nous avons l'air de renier et de maudire le matin, pour venir le soir mendier leurs votes et implorer leur dédaigneux patronage !

Ceux qui prétendent qu'ils sollicitent l'Académie par nécessité matérielle, par raison de pauvreté, font un aveu plus humiliant et moins franc peut-être que ceux qui confessent naïvement leurs prétentions ambitieuses.

De toutes les façons de gagner sa vie par l'État, l'Académie est une des pires ; le salaire n'est nullement en proportion avec l'engagement que l'on contracte.

XII

Tant que nous tiendrons à avoir toujours cinq ou six petites dignités courant les unes après les autres et représentant des brochettes de satisfactions vaniteuses, que nous serons avant tout heureux et fiers de pouvoir étaler en public ; ne parlons jamais d'indépendance.

Nous n'aurons que des indépendances d'occasion; qui se manifesteront sous les gouvernements qui auront l'air de nous dédaigner, pour s'évanouir et se rallier d'elles-mêmes du moment où les titres et les faveurs commenceront à nous arriver au gré de nos vœux.

XIII

Le Français d'aujourd'hui voudrait être à la fois le plus pensionné, le plus décoré, le plus fonctionnaire et aussi le plus libre de tous les hommes.

XIV

Mais il est un préjugé que nous voudrions bien pouvoir déraciner de l'esprit de certaines personnes, c'est que si demain l'Académie française n'existait plus, personne ne saurait plus, en France, parler ni écrire; ce serait la mort du goût, des lettres, même de la grammaire.

Ce serait peut-être le contraire qui se produirait s'il n'y avait plus du tout d'académies: on n'en écrirait que mieux, attendu qu'on n'en penserait que mieux.

Quand donc la société moderne cessera-t-elle de s'immoler sans cesse elle-même, comme elle l'a fait jusqu'à présent, sur l'autel du passé?

La décadence est bien plus souvent aujourd'hui dans la conservation que dans la rénovation. Gardons-nous bien surtout d'être un siècle exclusivement conservateur, collectionneur, antiquaire, archiviste !

Et puis, toujours l'éternelle objection : — A la place de ces antiques monuments, qui s'appellent les académies, les théâtres de privilége et de monopole, qu'est-ce que vous mettrez?

Qu'est-ce qu'on met à la place de ces vieilles masures, de ces quartiers vermoulus qui tombent tous les jours sous nos yeux? Apparemment de nouvelles constructions élégantes, agréables, salubres, qui font l'admiration de tout le monde, et dont on n'aurait jamais eu la jouissance, si on n'eût voulu jamais rien démolir.

On ne veut absolument pas admettre qu'il y a aussi, de temps à autre, des démolitions non moins essentielles à faire dans l'ordre intellectuel, moral et artistique que dans l'ordre matériel et extérieur.

Maintenez tout, évitez de vous débarrasser à propos de certains encombrements, de certaines coupoles écrasantes, vous aurez l'approbation des cimetières et des musées, vous resterez classique, monumental, mais vous mourrez de traditions, de reliques et d'académies.

CHAPITRE XII

LES ARTS

I.

On ne peut guère contester que le goût des arts n'ait fait en France de notables progrès depuis trente ou quarante ans.

Beaucoup de bons bourgeois, de braves négociants, qui ne connaissaient autrefois en fait d'objets d'art que les demi-aunes de leurs magasins et le dos en basane de leurs registres, ont aujourd'hui la passion des tableaux, des bronzes, se sont amourachés de faïences, d'émaux, de porcelaines, de ciselures, sont à même de discuter de ces choses-là en hommes compétents, presque comme des experts.

C'est une éducation toute nouvelle qui s'est introduite dans un certain public. Elle portera sans doute ses fruits tôt ou tard, mais jusqu'à présent, il faut convenir qu'on n'en a guère vu que les inconvénients et les ridicules.

Ce goût des arts qui s'est emparé progressivement de la bourgeoisie, même la plus modeste, a produit la manie des riches mobiliers, qui est poussée si loin de notre temps ! On ne sait plus du tout où s'arrêteront les besoins de peintures, de dorures, de tapisseries, de vieux cuirs, de laques, de bois de rose, de meubles incrustés, sculptés, qu'on retrouve actuellement dans toutes les maisons.

La simplicité de nos pères, si sage et souvent si attrayante par sa bonhomie même, a disparu à tout jamais; à moins qu'on n'y revienne subitement un de ces jours par une réaction qu'amènera peut-être l'orientalisme effréné des hommes d'argent et des filles entretenues.

II

Si encore cette rage de décoration et d'ornement avait pour but l'agrément, le charme de l'intérieur; mais c'est l'opposé qui a lieu généralement. On ne s'est jamais tant ennuyé que depuis qu'on est si bien meublé.

L'or nous pleut sur la tête de tous les côtés dans les appartements modernes, des plafonds, des chambranles, des portes; mais en même temps aussi, la contrainte, la tristesse et le spleen.

Tout particulier de l'ordre le plus mince, ayant voulu avoir chez lui l'ameublement, le luxe de la *régence*, les siéges en soie rose tendre, les consoles d'or, les meubles pompadour, il s'ensuit qu'avec nos allures et nos habillements essentiellement simples et roturiers, nous sommes souvent fort mal à l'aise dans nos intérieurs qui nous humilient et nous écrasent de leur somptuosité.

Nos canapés et nos fauteuils sont réellement beaucoup trop grands seigneurs pour nous.

III

L'amateur d'art, pris dans un certain milieu, n'est guère plus intéressant ni plus varié dans son genre que le chasseur.

Il consacre tout son temps et toute son activité à courir les ventes, les ateliers, à visiter les collections, les magasins de tableaux, à cataloguer dans sa tête toutes les toiles anciennes et modernes : c'est bien plutôt un inventaire qu'un sentiment et une intelligence.

Il achète des tableaux beaucoup moins par passion réelle que dans une arrière-pensée de brocantage. La plus belle toile à ses yeux, est celle sur laquelle il compte gagner quelque chose le jour où il la revendra.

Il est à remarquer qu'il exprime généralement son

admiration avec des formules, des phrases ambitieuses qu'il a trouvées toutes faites dans les articles de journaux.

S'il n'y avait plus du tout de feuilletons de peinture, d'articles spéciaux sur les arts, qui est-ce qui aimerait les tableaux en France, qui est-ce qui songerait même à en acheter?

IV

Il est un fait bien connu de tous, mais qu'il est essentiel de reproduire de temps à autre : c'est qu'en France, les beaux-arts procèdent surtout de l'imitation, de la convention, ne sont guère une chose de terroir.

Nous naissons écrivailleurs, poëtes, chansonniers, romanciers, conteurs, mais bien rarement sculpteurs, peintres ou musiciens; nous le devenons à force de labeur et d'école.

Nous avons des toiles, des statues, de la musique parce qu'il faut bien qu'un pays tel que la France ait des beaux-arts qui lui soient propres, mais il n'en est pas moins vrai que notre spontanéité, notre originalité, nos vrais titres de popularité chez les autres peuples ne seront jamais dans les arts plastiques, quel que soit d'ailleurs le mérite de certaines individualités, mais qui ne représentent que des exceptions brillantes.

C'est pourquoi, nous aurions grand tort d'abandonner le sens littéraire qui nous est naturel, qui est dans notre chair et notre sang, pour le sens artistique, qui ne sera jamais chez nous qu'une faculté apprise et convenue.

V

Nous ne connaissions pas assez les tableaux dans un temps : aujourd'hui, il semble que nous les connaissions trop.

Il en résulte que l'on connaît bien moins les livres ; tel homme d'à-présent sait sur le bout du doigt les Rubens, les Titien, les Watteau, qui n'a jamais lu de sa vie les *Provinciales* ni les *Lettres* de madame de Sévigné.

Nous avons tout un public, fort nombreux malheureusement, qui ne sait plus lire absolument que des illustrations, des gravures et des vignettes.

Croirait-on que pour certaines gens l'*art* est un moyen de s'abrutir et de laisser son intelligence en friche, de remplacer la dose moyenne d'instruction et de lecture que tout honnête homme doit puiser dans sa bibliothèque par un certain bagage de bleu, de vert, de ton, de touche, de pâte, de *frottis*, de *glacis;* insupportable bavardage d'atelier et de palette qui n'a pas même le mérite d'être inventé par ceux qui le débitent souvent avec une si comique assurance?

A coup sûr, les livres et les choses intellectuelles n'ont jamais fait déraisonner à ce point-là.

Du reste, il faut avouer que les écrivains ont beaucoup aidé pour leur part à propager cette manie d'art, qui n'a guère contribué dans notre siècle au progrès des idées ni au développement des esprits et des âmes.

Les journaux ont tant écrit, tant disserté sur les beaux-arts à perte de vue et à propos de tout, depuis une trentaine d'années! Ils ont en raison dans un certain sens. Il est bon sans doute que la littérature fasse parfois les honneurs de chez elle aux autres arts; mais non pas cependant jusqu'à se proscrire et s'annihiler elle-même.

La plus grande partie du fluide enthousiaste critique de nos jours a passé en comptes rendus artistiques.

Dieu! quels beaux catafalques littéraires on édifierait seulement avec le demi-quart des épithètes, des images, des formules lyriques que l'on a amoncelées dans la presse pour des toiles, des sculptures ou des partitions!

Tel critique qui se montre habituellement revêche, dédaigneux, tout de glace lorsqu'il lui faut juger cette malheureuse littérature, devient tout à coup zélé, sympathique, incandescent, lorsqu'il s'agit de remuer avec sa plume du bleu, du vert, du clair-obscur ou bien encore des notes de musique.

Il n'est plus le même alors; son style s'électrise, sa forme s'exalte : le feu sacré de la bienveillance et de l'admiration court dans toutes les veines de la phrase; on comprend qu'il tient vraiment le thème de son âme et de ses vœux.

Nous ne pourrions jamais constituer de notre temps une réputation littéraire comme celle de Voltaire, de Jean-Jacques, ni même comme celle de Montesquieu ; nous en avons fait une trop grande à Rossini !

VI

Le romantisme par ses tendances rétrogrades et son goût efréné d'antiquailles, a été pour beaucoup dans la croisade bourgeoise en faveur des beaux-arts.

Le retour vers l'ogive et le gothique a eu pour effet de nous débarrasser d'un certain genre d'ameublement disgracieux et massif, adopté dans la première partie du siècle, mais qui pourtant avait l'avantage d'être sans prétention, et de ne pas jurer avec nos allures.

Au bon vieil acajou de nos pères, modeste et patriarcal, on a cru devoir substituer non pas seulement le gothique, mais le Louis XIII, le Louis XIV, le Louis XV. On trouve tous ces styles-là représentés plus ou moins authentiquement dans les diverses pièces des appartements modernes, et même dans cette classe moyenne qui s'appelait autrefois la *petite fortune*, l'*honnête aisance*.

Les fournisseurs n'ont eu garde bien entendu de contrarier de pareils goûts. Les marchands de meubles et les ébénistes resteront les derniers romantiques des temps modernes.

Et l'on s'étonne sans cesse aujourd'hui de la difficulté que l'on éprouve à vivre, à mettre un budget en équilibre, quand on voit le développement insensé qu'a pris partout le luxe de l'intérieur! La plupart de ces gens qui crient la gêne si haut ne peuvent absolument pas se passer de mobiliers ambitieux, de tapisseries flamandes, de verreries de Venise, de bronzes florentins, de vieux Sèvres, de vieux Saxe; toujours ce *vieux* si cher, même quand il est apocryphe.

Il est convenu que la dot d'une jeune fille d'à présent, même dans les hauts chiffres, passe en grande partie en frais d'ameublement, en fantaisies d'ornements et d'étoffes.

Si encore au milieu de tout cet étalage, le sentiment des arts faisait des progrès réels! Mais, hélas! voyez vous-même ce que sont la plupart de ces salons, de ces boudoirs si prétentieusement et si ridiculement attifés!

Voyez aussi à toutes nos expositions de peinture quel est le genre de tableaux et de portraits que préfèrent les individus même les plus richement meublés!

Nous sommes jusqu'à présent un siècle tapissier bien plutôt qu'un siècle artiste.

VII

Sans entrer ici dans aucune de ces dissertations métaphysiques ou esthétiques sur l'*art* en général, comme on en a tant fait en Allemagne et même en France, nous nous bornerons à rappeler que l'art est plutôt un fait antique et païen qu'un fait moderne.

C'est un legs de l'antiquité que nous devons adapter avant tout à nos existences, à nos coutumes, si nous ne voulons pas en tirer plus d'inconvénient que de profit.

Les arts plastiques exigent impérieusement, pour être encouragés et soutenus, la richesse aristocratique. et princière, l'accumulation dans de certaines mains de trésors destinés à être dépensés uniquement en monuments, en bas-reliefs, en toiles et statues.

Où sont donc les Mécènes de nos jours capables d'ouvrir des temples, d'édifier des coupoles, des palais, des Parthénon, des Vatican, pour que les artistes puissent y centraliser leurs œuvres et leurs talents comme aux époques classiques ?

L'idée ou plutôt la réalisation du *beau* a dû se transformer complétement en passant de l'antiquité aux âges modernes.

L'art a été chez les Grecs, avant tout, une affaire de politique et de religion, avons-nous dit au chapitre des *Aristocraties ;* chez nous, c'est une affaire d'ornement et de pure fantaisie.

Le principe et le mode d'exécution diffèrent donc essentiellement. Autre chose est de faire une statue pour un temple, pour être adorée comme un symbole religieux, ou bien pour un musée ou un jardin public, pour être regardée par la foule.

L'art chez les anciens a dû adopter une forme invariable comme le culte, solennelle comme le pouvoir ; de là, l'incontestable supériorité de leurs chefs-d'œuvre sous le rapport de l'élévation, de l'*idéal*, mot qui n'a jamais été peut-être vraiment réalisé que par eux. Leur moule a été une *idée*, une croyance, avant d'être une question de main-d'œuvre.

L'art moderne, placé sur un tout autre terrain, doit se préoccuper non pas tant du beau absolu, qui n'existe plus en quelque sorte pour nous, que de l'attrayant, du gracieux, du joli, du coquet, de toutes les qualités relatives qui répondent aux diverses nuances de nos goûts et de nos conditions.

VIII

Quand nous commandons des beaux-arts aujourd'hui, et aussi quand nous les apprécions, nous rendons-nous suffisamment compte de cette différence profonde qui existe entre le rôle de l'art chez les anciens et chez les modernes ?

On peut en douter quand on examine l'état du monde artistique actuel, qui se trouve presque entièrement constitué sur le patron du principe ancien.

Toujours sous l'impression du préjugé aristocratique et monarchique, qui n'admet pas qu'aucun prestige, aucune gloriole puisse jamais dépérir, nous voulons avoir des chefs-d'œuvre contemporains, des artistes contemporains quand même, à la façon des Romains et des Grecs.

Pour cela, nous nous adressons tout naturellement aux écoles, aux académies, qui nous répondent chaque année par un certain nombre de Raphaël, de Vitruve, de Jean Goujon, de Mozart, éclos par des procédés artificiels et qui viennent ensuite, sous le titre de *grands prix de Rome*, réclamer le prix légitime de leurs peines et de leurs palmes.

Parmi les inconvénients si nombreux des académies et des conservatoires, un des plus graves, sans contredit, est de faire pulluler à l'infini les vocations artistiques, sans s'informer si elles auront leur débouché.

Il est bien avéré aujourd'hui que la société moderne commande beaucoup plus de peinture, de sculpture, de musique, qu'elle n'en peut consommer.

Voyez au surplus nos musées envahis, nos églises accablées de tableaux, nos théâtres lyriques assiégés sans cesse par une foule de jeunes compositeurs ; tout ce personnel si considérable de statuaires, de peintres, de musiciens nécessiteux, lancés au hasard à travers un siècle qui n'aime et ne recherche les beaux-arts que pour la forme, et en réalité ne les aime nullement, n'a pas du reste le temps de les aimer.

IX

Un tel état de choses n'est guère favorable aux mœurs.

Le métier des arts, qui devrait contribuer à rehausser les caractères, tend bien plutôt à les rabaisser, par suite de la concurrence effroyable qui impose à la plupart des artistes des nécessités perpétuelles d'intrigue, d'adulation, de démarches, des épines dorsales dociles à toutes les sollicitations et à toutes les antichambres, pour arriver à ces fameuses *commandes* que vingt individus s'arrachent sans cesse à la fois !

Comment supposer l'indépendance sociale et politique dans une condition qui, par la nature même de ses études et de ses travaux, ne peut guère s'exercer sans l'appui et le concours direct des administrations publiques ?

La plus grande partie de la peinture, de l'architecture, de la sculpture, est forcément *gouvernementale*. Cette nécessité représente un embarras non moins grand souvent pour les gouvernements eux-mêmes que pour les particuliers.

Il faut bien l'avouer : sous le rapport de la dignité privée, de la véritable indépendance, le métier d'artiste se trouve placé trop souvent au-dessous de la ligne de l'ouvrier, du simple prolétaire.

X

Heureusement, l'art officiel, si à la mode autrefois, s'en va tous les jours. On commence à reconnaître combien cet art monumental et religieux est erroné en principe, abusif dans la pratique, du moment où la religion et la politique ne sont plus là pour le soutenir.

Faut-il donc tant le regretter, après tout, cet art de convention et de facture? N'avons-nous pas assez fabriqué dans notre siècle de faux antiques, de fausses madones, de groupes, de fresques, de bas-reliefs qui n'ont été que de froides et pâles contrefaçons du passé?

A quoi bon poser sans cesse à nos artistes modernes le problème grec, romain ou florentin, quand nous savons très-bien qu'ils ne peuvent pas le résoudre? Est-ce pour nous procurer le plaisir de les prendre en flagrant délit d'infériorité? Est-ce pour ajouter un verset de plus au grand cantique de la décadence contemporaine?

Nous demander actuellement des statues grecques, c'est comme si nous demandions aux Athéniens du temps de Périclès des filatures, des hauts fourneaux et des locomotives.

L'art officiel, c'est celui qui vous prend vos plus belles années, pour vous enterrer dans ce grand cimetière de Rome, et qui, après vous avoir mis dans la tête toutes sortes de plans de colonnades, de colisées, d'arcs de triomphe, vous jette ensuite sur le pavé de Paris, où vous ne tardez guère à reconnaître que notre société actuelle n'est pas si architecturale ni si monumentale qu'elle veut bien le dire, et qu'elle se décide beaucoup plus aisément à décerner un nouveau grand prix de Rome qu'à voter un nouveau monument public.

XI

Tout ceci prouve une chose, c'est que l'art moderne est à refaire : une bonne définition de sa position sociale et pratique ne vaudrait-elle pas bien une nouvelle théorie de cette oiseuse et nuageuse esthétique qui n'a jamais été que l'apothéose du beau antique, érigé à l'état de système désespérant?

Il y a non pas à définir l'*art* (on ne le définira jamais), il y a seulement à le mettre en rapport avec nos mœurs réelles, surtout à empêcher qu'il ne reste ce qu'il est si souvent, le plus ingrat, le plus faux de tous les métiers.

Il faut qu'on arrive à reconnaître combien sont exagérées et souvent factices toutes ces discussions de peinture, de sculpture et de musique que l'on a mises en circulation depuis le romantisme à l'aide des feuilletons spéciaux et des articles *beaux-arts* des journaux et des revues!

Qu'on sache bien que l'art de chanter, de jouer du piano, de composer une partition, des toiles, des statues, même d'un certain ordre, ne saurait rivaliser en rien avec l'art de composer un livre, même secondaire, mais qui atteint un but quelconque d'instruction, d'utilité générale.

Il ne s'agit pas ici, on doit bien le comprendre, d'établir de vaines et futiles distinctions entre telle condition ou telle autre. Chacune a son mérite, et tous les hommes, pris dans leur sphère, se valent après tout.

Mais il y a des moments de vogue exagérée, d'engouement pour certains états contre lesquels il faut bien réagir au nom de l'intelligence et de la raison. On connaît les folies d'honneurs, d'adulations et d'argent que l'on a faites de notre temps; non pas même pour des compositeurs, mais pour de simples exécutants, des mécaniciens du larynx et du clavier.

Qu'on n'oublie pas d'ailleurs que le livre est fait pour s'adresser à la foule, tandis que l'œuvre d'art est souvent exposée à devenir la proie de tel grand seigneur qui peut, si bon lui semble, la tenir en charte privée, l'enfermer sous clef dans sa collection, sans que personne puisse en jouir.

Il y a, il est vrai, les collections publiques, les musées; mais qu'est-ce qu'un musée chez nous? Qui est-ce qui en profite, à l'exception des étrangers et des voyageurs?

La plupart de nos musées en France représentent

de véritables cimetières abandonnés, où l'on rencontre tout le monde, excepté ceux qui s'intitulent les dévots de la toile et du marbre, les purs fidèles de l'art.

XII

On arrivera donc bientôt à reconnaître que les arts ne sont ni une philosophie ni un sacerdoce. Ils sont sortis des besoins usuels de la vie, et il est probable qu'ils sont destinés à y rentrer plus tôt qu'on ne croit.

C'est en quittant les antiques ornières des musées, des palais et des églises qu'ils arriveront à prendre dans le monde actuel leur place naturelle et raisonnable, au lieu du rang équivoque qu'on leur a fait ; cette situation mêlée de tant de convention, d'emphase, d'amour-propre et de misère.

Nous verrons peut-être l'architecture se décider à nous créer enfin, non plus de ces maisons monumentales que nous sommes réduits si souvent à contempler de loin respectueusement, comme les pyramides des Pharaon, mais la véritable résidence moderne avec ses modifications, ses améliorations réclamées à grands cris par toutes les victimes de la civilisation entassées dans ces cages incommodes, impossibles, que représentent nos maisons d'à présent.

Peintres, sculpteurs, architectes, oubliez toutes les grandes phrases à la Winckelmann et à la Schelling

dont on vous a surchargés pendant un temps. Vous
êtes avant tout des êtres pratiques, usuels, destinés à
nous meubler, à nous orner, à nous loger de la façon
la plus sensée et la plus élégante.

N'est-ce pas pour vous un heureux avenir de ne plus
avoir à vous traîner désormais à la remorque des Crésus
ignorants qui vous imposent chaque jour leurs vulgaires fantaisies, leurs insolents caprices, et de ne plus
relever que de la foule, cette reine de toutes les conceptions et de toutes les libertés?

Dépendre de tout le monde, c'est ne plus dépendre
de personne ; alors seulement, vous rentrez dans la
vérité de vos situations, dans la dignité de vos talents :
alors seulement vous êtes artistes.

XIII

Jaillissez donc bientôt pour nous, gracieuses petites
fontaines, entourées de fleurs, de sculptures en pierre
attrayantes et simples. Puissions-nous vous voir
incessamment rafraîchir l'angle de toutes nos maisons,
égayer nos cours, qui sont encore à présent de si lugubres cimetières, et devraient être avant tout des lieux
de plaisance et de repos, d'agréable oasis !

Tristes et sombres murailles, couvrez-vous de fresques et de peintures, qui seraient si bien l'emploi de
tant d'artistes réduits à subsister à peine en badigeon-

nant à tout hasard des toiles pour des princes et de grands seigneurs qui n'existent plus.

Et vous, plafonds bourgeois, dépouillez-vous bien vite de vos rosaces chatoyantes et de vos insipides moulures, pour admettre une peinture quelconque qui vaudra toujours mieux que tout ce faux or, ce ridicule clinquant intérieur que l'on prodigue si volontiers partout aujourd'hui.

Avec un peu d'entente et de pratique, on en finirait bien vite avec cette manie des raretés et des antiquailles ruineuses.

Nous entretenons le bric-à-brac, les reliques des vieux siècles à grands frais, et nous laissons mourir de faim une foule de peintres et de sculpteurs de notre temps d'un incontestable mérite. N'est-il pas temps de changer enfin cette méthode d'aimer et d'encourager les beaux-arts?

XIV

La période religieuse et aristocratique se trouvant à peu près close pour les artistes modernes, la période bourgeoise ne pouvant que leur être fatale sous tous les rapports, il est tout simple qu'ils cherchent à se tourner désormais vers la période démocratique et populaire.

C'est là qu'ils sont appelés à rendre de grands services à l'humanité, en combattant par des applications usuelles l'ignorance et la routine dans les habitations et les intérieurs, en répandant parmi la masse les notions de goût et d'ornement qui ont été concentrées jusqu'alors dans les hautes sphères.

Que la réforme s'accomplisse, que l'œuvre d'art s'arrange pour devenir autant que possible aussi pratique et abordable que le meuble et l'ustensile, nous y perdrons sans doute une certaine classe de peintres ministériels et de sculpteurs académiques, mais nous sommes capables d'y gagner en revanche toute une race de vrais citoyens qui auront le bon sens de ne pas rougir de leur titre d'artisans indépendants et relevés.

Quant au grand artiste, à Phidias, à Michel-Ange, rassurez-vous, nous ne le supprimons pas. S'il lui prend fantaisie par hasard de visiter l'ère moderne, ah ! certes, il sera le bienvenu ; les portes lui seront toujours toutes grandes ouvertes !...

Mais n'y comptons pas trop : l'exception tend à s'effacer de jour en jour, nous l'avons supprimée en grande partie dans les lois, la politique, la société ; elle doit sinon disparaître tout à fait, du moins devenir de plus en plus rare dans les régions des lettres, des sciences et des arts.

CHAPITRE XIII

—

I

Nous n'avons cependant pas le fond du caractère
pédant en France ; comment donc se fait-il que le pédantisme se soit emparé de tout un côté de nos mœurs
et menace même de laisser son empreinte profonde
sur notre siècle?

On remarque sa trace prononcée surtout dans un
certain parti qui n'est certes pas le moins éclairé ni
le moins ambitieux de tous, et qui s'appelle volontiers
lui-même le *parti de la liberté.*

Ce que nous avons dit de la liberté académique, nous
devons le dire également d'une certaine liberté pédantesque, gourmée, toujours prête, sous prétexte de
savoir et d'étude, à écraser les autres du sentiment de
sa prépondérance intellectuelle et individuelle !

Encore moins, nous autres profanes, mordrons-nous

à cette liberté-là. Nous ne songerons guère, en aucun cas, à la protéger ni à la soutenir.

Bien plus : chaque fois qu'il lui arrivera quelque disgrâces, que nous l'entendrons se plaindre de diminution, d'éclipse ou d'oppression, nous n'en serons intérieurement pas fâchés. Nous verrons avant tout dans ses malheurs le juste châtiment de son arrogance et de sa morgue.

Raisonnez donc avec des instincts aussi coupables et pourtant aussi profondément humains que ceux-là !

II

Vers 1816, lorsque la liberté commença à redevenir à la mode en France, supposez dans son camp une génération d'hommes simples, modestes, unis, incapables de jamais faire étalage de leur supériorité sociale ou intellectuelle, entièrement modelés sur ce brave peuple qui exige avec tant de raison que l'on garde toujours le naturel et la bonhomie, ces deux qualités si essentielles qui sont en lui du moins comme compensation à son ignorance ; la liberté était capable de se populariser sur notre sol ; la masse y prenait goût et non pas seulement un petit cercle de savants et de privilégiés.

Mais à peine se remit-on à parler et à écrire librement, qu'on vit aussitôt se produire toute une race nouvelle et fort peu sympathique, on doit le reconnaître, *d'hommes politiques*, *d'hommes d'État*, de *publicistes* qui, parce qu'ils avaient le don de débiter des harangues à une tribune ou de tourner des phrases académiquement dans une brochure ou un journal, se croyaient d'une essence tout autre que leurs semblables.

Ils rallièrent bientôt la plupart des bourgeois parvenus, si souvent emphatiques dans leur genre; les riches manufacturiers, *fils de leurs œuvres*, comme ils disaient à tout propos; les journalistes influents qui en arrivaient à dire: — *Mon journal*, avec non moins d'enflure et d'orgueil que certains gros banquiers disant: — *Ma caisse!*

L'opposition libérale de la Restauration eut sans doute de grands mérites, d'éminentes qualités, mais il faut avouer aussi qu'elle a été parfois bien entachée de bourgeoisisme, bien inutilement rogue et pédantesque dans ses allures et son langage.

Ses manières seules ont suffi pour marquer entre la bourgeoisie et le peuple une ligne de démarcation qui devait être ensuite si fatale au maintien de la liberté.

III

Sous la monarchie de Louis Philippe, ce fut pire encore; ce fut vraiment alors le triomphe du pédantisme.

Nous, le peuple le plus gai, le plus insouciant, le

plus railleur du monde, nous devînmes bientôt le peuple sérieux par excellence. Dans un moment, tout le monde en France était sérieux, parce que tout le monde était ambitieux.

La liberté avait chez nous le grave inconvénient d'être en grande partie traduite de l'anglais. Nous n'aimons guère que les autres peuples aient l'air de nous faire la leçon ; c'est un sentiment naturel après tout chez une nation susceptible : on devait donc éviter surtout d'étaler les origines de cette liberté importée sous plus d'un rapport ; on devait dépayser autant que possible sa physionomie anglaise.

On ne se conforma guère à cette règle si clairement indiquée pourtant par notre caractère et tous nos instincts. On ne parla pour ainsi dire jamais de liberté sans invoquer l'Angleterre, et cela, au moment où le patriotisme était encore si vivace, si saignant au fond des âmes, où la grande majorité des Français était bien loin d'avoir digéré les désastres de 1814 et 1815 ; de façon que nous avions l'air d'avoir une liberté d'invasion, une liberté Waterloo, qui avait été à Gand, qui s'en vantait tout haut, du reste.

IV

Nous avons beaucoup à prendre chez les Anglais, sans aucun doute, comme ils ont beaucoup à prendre chez nous ; mais ce que nous devons surtout éviter de leur emprunter, c'est leur sérieux systématique, leur roideur, leur quant-à-soi répulsif et perpétuel, qui rappelle constamment chez eux la préoccupation aristocratique.

Ce furent précisément ces affectations-là que copièrent nos nouvelles mœurs publiques et parlementaires. On y joignit l'engouement irréfléchi des hommes politiques de l'autre côté de la Manche; on ne vanta que les publicistes anglais, les orateurs anglais; on ne cita qu'eux; ils devinrent les classiques de nos tribunes et de nos journaux.

On s'étudia à parler, à se mouvoir comme eux; on singea leurs habitudes, leur démarche, jusqu'à leurs cols de chemise. Si nous avions pu, dans un moment, emprunter aux Anglais même leur spleen et leur brouillard, nous aurions été le peuple le plus heureux et le plus fier!

Ainsi nos mœurs parlementaires, ayant à s'appliquer et à se vulgariser, commençaient par se faire antifrançaises et par se donner le cachet aristocratique et britannique.

Comme c'était bien connaître nos vieilles inclinations gauloises et éternellement égalitaires; nous qui préférons parfois (avouons-le bien bas) une nature équivoque ou même vicieuse, mais ouverte, aimable et facile, au plus honnête homme du monde qui se drape devant nous, prend des airs composés et majestueux!

Le Français aimera toujours mieux être exploité qu'être humilié.

V

Plus on est homme d'État en France et moins il faut le paraître, plus il faut s'arranger pour donner à ce rôle des apparences de simplicité, d'abandon et de bonne grâce.

Il est bon sans doute de s'occuper de politique, mais il ne faut pas pourtant qu'elle absorbe tout. Le vrai moyen de la rendre digne et intéressante n'est pas de l'arracher à son cadre pour la mêler sans cesse à toutes les relations du monde.

A l'époque dont nous parlons, la politique était la gamme universelle; on avait inventé les salons politiques, les savants politiques, les dîners politiques, les grandes dames politiques.

Certains orateurs en renom, certains hommes d'État avaient le tort de conserver trop souvent, le soir, dans les réunions, les fêtes, les spectacles, la physionomie dite *parlementaire*, c'est-à-dire l'air important, absorbé, assoupi même parfois. Ils dormaient volontiers en public. Triste et fatale habitude! Ces détails-là influent plus qu'on ne croit sur le rôle plus ou moins sympathique et populaire que jouent certains hommes et sur l'acceptation d'un certain état de choses.

Non-seulement les orateurs, les députés prenaient habituellement des airs de haute majesté, mais par contre-coup, tous les bureaucrates, les employés, les moindres agents des administrations, tout le monde en un mot, visait plus ou moins au personnage politique.

On avait vu éclore en même temps une couvée de jeunes gens dits *parlementaires*, de petits Chatam, des Pitt et des Fox en herbe, qui s'exerçaient dans des conférences particulières, des *parlotes*, à prononcer des discours, pour prendre d'assaut le plus tôt possible cette malheureuse tribune qui n'était que trop en proie déjà aux amplifications oratoires à perte de vue.

Le public français, toujours à l'affût du ridicule, et d'ailleurs toujours implacable lorsqu'on l'ennuie, en voyant défiler devant ses yeux tout ce monde politique tout nouveau pour lui, avec ses harangues si longues, ses cravates si roides, n'ayant jamais le plus petit mot pour rire, sans cesse tendu vers l'intrigue parlementaire, le décorum officiel, l'aspiration au pouvoir, ne pouvait manquer de le prendre fortement en grippe.

Un sérieux si continu l'offusquait à la fois et l'effrayait. Il y voyait la politique et le gouvernement de l'ennui à perpétuité.

Ce qui a manqué à la plupart des hommes d'État de ce temps-là a été de savoir jouer aux osselets et de se mettre à faire des ricochets sur la Seine en sortant du palais Bourbon.

VI

Les doctrinaires et les universitaires sont généralement considérés comme les principaux chefs de la grande école du pédantisme contemporain.

On a trop souvent tracé l'histoire du parti doctrinaire pour qu'il soit nécessaire d'y revenir ici.

On sait que sa physionomie s'est principalement composée d'outrecuidance doctorale, de solennité mystérieuse, de cette roideur traditionnelle et héréditaire des anciens parlements avec des nuances de plusieurs pédantismes modernes, celui du philosophe scolaire, de l'avocat en vogue, du professeur éloquent, du jurisconsulte fleuri, et toujours l'homme d'État anglais brochant sur le tout.

Il était assez difficile avec de tels éléments de constituer un parti qui devint bien populaire. Le doctrinarisme avait cependant parfois des velléités réelles de liberté et d'opposition, mais, comme la plupart des partis, il aimait encore mieux le pouvoir que la liberté.

Par sa constitution et ses idées, il ne pouvait guère s'élever au-dessus d'une petite chapelle politique. Il croyait d'ailleurs pieusement aux salons diplomatiques et parlementaires, aux vieilles grandes dames qui tenaient, disait-on, les destinées de l'Europe dans les plis de leur douillette.

Le parti doctrinaire a contribué à restaurer pendant un instant le culte de la *grande dame*, qui avait beaucoup faibli depuis la Révolution française.

Ses chefs les plus marquants ne manquaient pas de venir chaque soir en pèlerinage semi-officiel autour de ces *canapés* célèbres, qui étaient considérés comme des marchepieds de ministères, de députations, de pairies, d'ambassades et de préfectures.

Tout naturellement, les jeunes aspirants, les adeptes venaient à la suite. Ainsi les mœurs de l'ancien monde essayaient de se rétablir sous la forme dogmatique et professorale.

On refaisait des salons, mais non pas pour y causer librement, pour se distraire et dire des riens comme du temps de nos pères, mais pour avoir occasion de s'y pousser et de faire son chemin par la tenue et le sérieux.

VII

Les doctrinaires exercèrent une influence notable sur les lettres et le style. Ils intronisèrent le nébuleux, le sentencieux, l'alambiqué dans l'éloquence, le journalisme, la littérature, jusque dans la causerie intime.

On ne causait plus nulle part ; on *formulait*, comme on disait. On ne faisait plus qu'exposer, dogmatiser sans fin. Les choses les plus ordinaires du monde devenaient des *questions*; les écrivains s'appelaient autant que possible des *publicistes*; les articles de journaux et de revues des *études* ou des *travaux*.

C'est à l'influence doctrinaire qu'il faut attribuer en partie l'invention de ces grosses monographies si ennuyeuses, de ces exposés si pesants de philosophie, d'histoire, de politique générale, d'économie politique, qui ne peuvent jamais dépasser la couche de certains salons et de certaines académies. On avait l'*homme sérieux*, il fallait bien que l'on eût aussi le *livre sérieux*.

Le fanatisme de l'étranger devait nécessairement occuper une grande place dans le mouvement doctrinaire qui visait à l'impénétrable et l'inaccessible en toutes choses.

Il suffisait qu'un historien ou qu'un jurisconsulte fût venu d'Angleterre pour que tout de suite on le mît aux nues.

On rendit aussi les plus grands honneurs à la métaphysique allemande; on resta devant elle comme en pamoison et en extase. On la traduisit, on l'essaya du moins, et notre langue, jusqu'alors si pure et si limpide, se hérissa tout d'un coup d'une foule de mots ténébreux et barbares, qui rappelaient le plus mauvais temps de la terminologie scolastique.

Comme, au fond de tout cela, il s'agissait toujours de haïr le dix-huitième siècle et de battre en brèche la révolution autant que possible, on déclara que les Voltaire, les Rousseau, les d'Alembert, les Montesquieu, n'étaient que de faux philosophes, de piètres penseurs, à côté de ces immenses métaphysiciens allemands qui n'ont jamais été, malgré leur mérite, que des philosophes d'école et de cabinet, des puits de méditation transcendante, mais surtout d'obscurité profonde.

Ce goût de l'insaisissable et de l'obscur s'étendit jusqu'au style des affaires et de la politique, qui ne saurait rester trop net, trop intelligible pour tous.

On visa à en faire un idiome à part; on n'eut pas de cesse que l'on n'eût fait de la politique un mystère, de la liberté un grimoire à l'usage d'un petit collége d'initiés qui la commentait, la prêchait pour son compte sans avoir jamais peut-être la pensée bien sérieuse de la voir appliquée à l'universalité des citoyens.

VIII

Les universitaires devaient avoir aussi leur bonne part dans le grand mouvement de pédantisme qui a commencé sous la Restauration et s'est prolongé jusqu'à nos jours.

La bourgeoisie éclairée avait toujours cherché depuis les parlements à réagir par la prépondérance de l'étude et de l'intelligence contre la suprématie de la noblesse, vouée si souvent à l'ignorance traditionnelle et systématique.

Opposer au privilége du nom et de la naissance celui de l'esprit et du savoir, quoi de plus juste et de plus légitime en principe? Mais si le savoir a de grands avantages, il a aussi, comme on sait, certains abus qui ne se montrent jamais mieux que lorsqu'il veut quitter sa sphère propre pour aborder la politique et le gouvernement.

Rasius et Baldus hommes d'État feront toujours d'assez singuliers personnages.

IX

L'enseignement laïque avait à lutter sous la Restauration contre les écoles ecclésiastiques, qui employaient tous les moyens possibles pour ressaisir le terrain perdu, excepté les bons, les vrais, l'instruction solide, éclairée, la raison, la liberté de la pensée, la loyauté historique.

L'École normale, fermée en 1822, fut réouverte en 1826 et se fit bientôt florissante et célèbre. Elle était animée tout entière par le souffle vivifiant de l'opposition et du libéralisme.

Il y avait, à un certain moment, une si grande fièvre d'instruction et aussi un si grand désir de vaincre le jésuitisme sur tous les terrains! La nouvelle École normale devint bien vite une pépinière de jeunes professeurs à la fois très-éclairés et très-amoureux d'avancement, qui ne demandaient qu'à jeter le froc aux orties

et à s'élancer dans les hautes régions de l'ambition et
de la politique.

X

Pour bien marquer la supériorité de l'enseignement
laïque, on ne songeait qu'à *hausser le niveau des études*,
comme on disait, c'est-à-dire à enrichir sans cesse de
départements nouveaux le domaine déjà si étendu de
l'instruction classique.

Le zèle des études, compliqué de vues ambitieuses,
faisait merveille chez la plupart des jeunes maîtres
nouvellement institués. Jamais plus grands grecs, plus
grands latinistes, philologues plus profonds, historiens
plus consommés : tous pressentaient à travers les fu-
mées du savoir ce nouveau monde de titres et de places
qui, déjà sous la Restauration, commençait à miroiter
devant leurs yeux.

Pourtant, l'Université, à force de hausser son niveau
afin d'accroître son importance, courait le danger de
dépasser le but et de fausser sa mission.

D'abord, en principe, il n'est pas vrai que l'on puisse
étendre à l'infini le champ des études, surtout des
jeunes études.

Nos grands écrivains, nos classiques français, si
admirablement équilibrés en tout point sous le rapport
de la littérature proprement dite, ont tracé un certain

cercle d'humanités dont il n'y a guère à sortir, sous peine de tomber dans l'érudition de fatras et d'étalage, les vaines recherches, la monographie à perte de vue, toutes les prétentions fastidieuses qui devaient être le cachet distinctif d'une certaine école littéraire émanée des sphères du haut enseignement et donner lieu à ce vers si connu :

L'ennui naquit un jour de l'Université.

XI

A la rigueur, l'Université peut fort bien se passer d'ambitieux et même de littérateurs de profession. Mais ce dont elle ne peut jamais se passer dans aucun cas, c'est d'un personnel véritablement enseignant et dévoué, d'un choix d'hommes utiles, modestes, concentrant toutes leurs illusions et leurs facultés dans l'instruction de la jeunesse, l'une des fonctions les plus dignes et les plus vraiment relevées qu'un pays puisse confier à ses enfants.

L'École normale avait-elle été réédifiée dans ce but-là? On en pouvait douter en voyant la quantité d'hommes d'État sortis de son sein. On eût dit que les chaires n'étaient absolument qu'un marchepied pour arriver à toutes sortes de fonctions officielles.

On s'aperçut bientôt, sous la dynastie de Juillet, de

l'extension prodigieuse qu'avait prise, sous le rapport
de l'ambition et de l'amour des places, la nouvelle Université qui formait comme un immense cordon d'intrigues et d'influence enveloppant à la fois l'instruction
publique, la tribune, le conseil d'État, toutes les administrations, tous les ministères, tous les journaux
influents.

La Sorbonne était entièrement sortie des gonds et
tendait chaque jour à absorber l'arène administrative,
parlementaire et gouvernementale.

XII

On a dit que la royauté de Juillet avait été perdue
en partie par les professeurs; c'est peut-être aller bien
loin; il est certain pourtant que cette accumulation
de tant de dignités et de places dans la zone universitaire devait étonner le public, qui n'avait jamais été ha-
bitué jusqu'alors à voir les affaires et l'enseignement
se concentrer dans les mêmes mains.

On n'a pas à rechercher si un professeur ne peut pas
faire un aussi bon ministre ou un aussi bon député que
tout autre homme. On doit voir seulement l'influence
que cette double destination du corps enseignant érigé
en corps politique a dû exercer, et sur l'enseignement lui-même, et sur la moralité de toute la génération
nouvelle.

N'est-ce pas un danger réel que les jeunes gens soient élevés par des ambitieux ?

Les vertus que l'on exige d'un maître ne sont-elles pas avant tout le désintéressement, l'abnégation, la modestie de l'existence et des goûts, cette digne et haute philosophie pratique qui sied si bien à la direction de la jeunesse ?

Les universitaires nouveaux ne virent pas les choses tout à fait ainsi : ils considérèrent généralement l'enseignement bien plutôt comme un moyen que comme un but.

Il devait en résulter que les intérêts universitaires seraient nécessairement sacrifiés dans la plupart des détails de l'instruction supérieure aux exigences du parti clérical qui n'était ni intimidé ni vaincu.

Les *professeurs-ministres*, dans leur désir d'occuper le pouvoir et de le garder quand même, crurent devoir faire au clergé un beaucoup trop grand nombre de concessions, conclure avec lui une paix transitoire et plâtrée, dont l'enseignement laïque devait payer les frais en grande partie.

Ce pseudo-catholicisme, professé par certains membres du haut enseignement, montrait trop clairement la corde, à la fois timide et ambitieuse, pour que le parti religieux n'en profitât pas dans toutes ses polémiques, ses actes et ses démarches, et n'arrivât pas à ressaisir insensiblement une portion de l'influence que le libéralisme était parvenu à lui enlever.

XIII

Toutes les professions ont, comme on sait, leurs tics particuliers, leurs travers, qui sont comme le cachet indélébile du métier; le magistrat a les siens, le militaire, l'avocat, le médecin, l'homme de lettres, aussi le professeur.

On admet volontiers dans les habitudes de l'enseignement une certaine solennité, la majesté convenue du ton et de l'air, destinée à en imposer à un jeune auditoire. Ce sont là des nécessités, presque des vertus d'habit. La politique ne s'accommode pas volontiers de ces allures-là. On n'aime guère à retrouver dans l'homme d'État le pli des chaires ni les souvenirs du gouvernement scolastique.

Si l'on a été tendu et composé lorsqu'il s'est agi de diriger de jeunes élèves, il est bien probable qu'on le sera plus encore lorsqu'il s'agira de diriger les hommes.

Il est presque impossible qu'on ne soit pas plus officiel ni gouvernemental qu'il ne faudrait.

Les harangues, les ambassades, les charges de l'État, toutes ces choses-là ont plus d'importance encore au collège que dans la vie réelle. On les prend d'autant . plus au sérieux qu'on les a bien longtemps rêvées dans les longues heures des classes et tout en expliquant les harangues de Démosthène et de Thucydide. Tout cela fait que dans le maniement des affaires on aura toujours l'air, malgré soi, d'être à la tête d'une classe et de manier encore la férule.

XIV

Non-seulement les universitaires se tenaient entre eux comme les anneaux d'une seule chaîne, se poussaient sans cesse mutuellement dans la carrière des titres et des places, mais, de plus, par une conséquence logique, ils n'hésitaient pas à s'écraser sans fin les uns les autres sous le poids des éloges, à échanger entre eux à tout propos les derniers excès de la flatterie.

Ainsi certains journaux officiels, rédigés presque exclusivement par des professeurs, étaient constamment remplis par les panégyriques de ces mêmes professeurs.

L'un d'eux rentrait-il dans sa chaire ou prononçait-il n'importe où un bout de discours ou de notice quelconque, l'hymne obligé s'entonnait aussitôt sur toute la ligne en son honneur : « Cieux, écoutez ! Et toi, terre, prête l'oreille ! »

Des professeurs d'un mérite réel, mais qui ne pouvaient avoir, malgré tout, que les qualités relatives et courantes du professorat, qui n'atteint guère que les généralités et les surfaces, étaient sans cesse présentés,

dans ces journaux, spécialement consacrés aux apo-
théoses universitaires, comme *les gloires de la France,
l'honneur, l'éclat, les flambeaux, les astres de la
France!*

La France, qui a des sentiments et aussi un budget,
pouvait-elle moins faire que de combler de toutes
sortes de places et d'émoluments des hommes célébrés
et consacrés de la sorte d'un bout de l'année à l'autre?

Le *cumul* était entièrement à l'ordre du jour dans
ce milieu d'ovations scolaires. Il représentait le couronnement obligé de toute brillante capacité enseignante.

Comment ces hommes-là, éclairés après tout, judicieux et intelligents, ne comprenaient-ils pas qu'avec
de telles façons d'agir, l'Université en viendrait à exciter bientôt des répugnances d'une autre nature, mais
non moins violentes peut-être que l'ultramontanisme
et le jésuitisme?

XV

Les mœurs générales devaient subir par contre-coup
l'influence des mœurs universitaires, qui jetaient sur
tous les esprits une teinte uniforme et glaciale d'ambition austère.

Le professorat paraissant être un moyen d'arriver à
tout, c'était à qui prendrait des airs de professeur
dans le monde et les salons.

On avait déjà les jeunes gens parlementaires, on eut

bientôt les jeunes gens universitaires, qui ne le cédaient en rien aux premiers sous le rapport de l'emphase précoce et des prétentions juvéniles.

Il semblait que les idées, les facultés, les supériorités se résumassent entièrement dans ce seul mot : *professer*, qui représentait la note la plus élevée de l'esprit et de la société moderne.

Singulière tendance d'un temps qui, pour fuir la prétendue légèreté du dix-huitième siècle, se jetait ainsi, de parti pris, dans le faux sérieux, le fanatisme du grave!

La France, après s'être trop divertie peut-être autrefois, ne songeait plus maintenant qu'à se gourmer et s'ennuyer. Elle remplaçait les petites maisons, les boudoirs, les alcôves, les soupers, les plaisirs de l'ancien temps par les joies, les pompes et les œuvres du conseil de l'instruction publique.

XVI

Puissions-nous à présent, à la place de l'universitaire officiel et politique, haut fonctionnaire quand même dans tous les temps et sous tous les régimes, voir se reproduire bientôt le vrai et digne maître français, homme désintéressé avant tout, exempt d'orgueil et d'ambition, celui que nos pères ont connu et que nous avons eu grand tort de laisser disparaître de notre âge.

Ce n'est pas lui qui songera jamais à déserter sa chaire pour s'envoler dans les régions des académies, des salons officiels, des journaux importants et des ministères.

Le patriotisme passe chez lui bien avant l'égoïsme privé. Que lui importe de mourir inconnu? Il aura fourni dignement sa carrière, s'il voit ses élèves se transformer successivement, non pas en *capacités* avides et remuantes, mais en hommes de conscience et de devoir, à même d'honorer leur pays et non de l'exploiter à l'aide de leurs lumières.

C'est par lui surtout que l'instruction laïque est destinée à conserver le rang où l'ont placée les principes de 89.

Il considère l'enseignement clérical comme toujours dangereux, tant qu'on lui aura laissé l'organisation de l'humilité, la puissance de l'abnégation.

Il ne veut pas même lui abandonner ces qualités plus importantes qu'on ne croit dans l'éducation pratique, qui sont l'onction, la familiarité, un certain abandon, même une certaine gaieté, toutes choses dont ces habiles et terribles jésuites avaient su tirer un si grand parti, et que la jeune génération universitaire a remplacées trop fréquemment par la sécheresse et l'excessive roideur dans les détails du professorat.

16.

Ce n'est pas sur lui que le reproche de pédantisme doit tomber : le pédantisme est généralement le cachet des natures ambitieuses, impatientes d'arriver ; il n'atteint guère l'homme simple et dévoué qui sait se renfermer dans ses fonctions ; celui-là est à peu près sûr de conserver toujours dans son langage et ses allures la modestie extérieure, qui est l'image de la modestie et de la véritable dignité de l'âme.

XVII

On ne saurait limiter le pédantisme actuel seulement aux mœurs parlementaires, doctrinaires et universitaires ; il s'étend aussi à d'autres classes qui se donnent ce travers presque toujours bien gratuitement ; aucune condition de ce monde n'imposant à ceux qui l'exercent l'exagération du sérieux, le dédain des autres hommes.

On s'est plaint souvent du pédantisme de la magistrature, qui se fait bien mieux respecter assurément par la fixité des opinions et l'élévation inaltérable de la conscience que par tout l'apparat de la forme et des allures.

On peut noter aussi le pédantisme bureaucratique et administratif ; une des tendances indélibiles du caractère français étant de se draper, de faire le cassant et le rogue, du moment où il se trouve établi dans un bureau, abrité par un grillage quelconque.

On doit signaler également le pédantisme mathématique, polytechnique et métallurgique, qui s'est produit comme tous les autres, surtout sous le gouvernement de Juillet, à l'époque de la grande vogue des ingénieurs, à ce moment si singulier où on s'était mis à considérer comme des espèces d'êtres surnaturels, divins, tous les hommes en état de creuser une mine, de diriger une mine ou de construire un chemin de fer. Les ponts et chaussées ont failli un instant avoir des statues.

Comment oublier d'ailleurs les savants dans le recensement du pédantisme contemporain?

Certains calculs astronomiques, certaines théories physiques, certains corps simples ont, Dieu merci, déployé assez de faste, de bruit et d'importance, de notre temps !

Physiciens, astronomes, chimistes, géomètres, géologues, tous ont généralement à faire aujourd'hui une découverte bien plus grande et plus précieuse que toutes celles qu'ils ont faites ou qu'ils pourront faire dans le présent ou même dans l'avenir : — la modestie.

On remarque qu'on s'abandonne beaucoup trop aisément dans ce monde-là à dire : — *Mes travaux, mes antécédents, mon enseignement, mes découvertes, mes titres*, etc. On y voudrait plus de philosophie et moins d'académie.

On regrette aussi que certaines illustrations scientifiques modernes aient elles-mêmes coté si haut leur valeur sur l'échelle des honneurs et des fonctions publiques.

Le savant d'aujourd'hui est encore constitué en grande partie dans le vieux moule : il ne saurait plus cependant vivre comme autrefois, entièrement séparé du monde réel, enfermé dans sa coque mystérieuse, à l'état de chrysalide officielle et spéciale.

Son rôle si important, s'il est bien compris, mais encore si exclusif, si mal défini, demande une refonte complète. Sa condition et ses mœurs ont, comme celles de bien d'autres spécialités, à se retremper dans la foule, la régulatrice suprême de tous les jugements, de toutes les appréciations de soi-même, de toutes les existences.

XVIII

Ces diverses nuances de pédantisme, et beaucoup d'autres encore, que l'on pourrait citer, représentent sans doute avant tout une de ces nombreuses taches extérieures, de ces affections fugitives qui s'attachent à l'épiderme des mœurs d'un temps.

Il faut constater pourtant qu'elles se rapportent généralement toutes à ce principe de domination bourgeoise, qui existe dans la classe moyenne de nos jours, possédée, bien plus qu'elle ne le croit elle-même, du besoin de l'inégalité, du désir de sentir des couches inférieures autour d'elle.

C'est là une disposition à la fois inconséquente et dangereuse. Une société établie en partie sur les décombres des anciens priviléges ne saurait, sans se démentir et se dénaturer elle-même, se morceler en une foule le petites aristocraties partielles, qui deviendraient bien vite, dans leur ensemble, plus abusives et répulsives que celles d'autrefois.

Savants, magistrats, professeurs, avocats, écrivains, gens de robe, d'idées et de plume, ne sauraient oublier qu'ils exercent des métiers en quelque sorte de pédantisme *né*... C'est pourquoi le pédantisme de la forme est à éviter par eux par dessus toute chose.

Ils ont, non pas à grossir leur importance, mais à se la faire pardonner sans cesse.

Ce n'est pas là seulement une question individuelle de convenance et de goût, il y va aussi du progrès général de la liberté, de l'intelligence, des lumières, qui sont faites avant tout pour ne choquer personne, et pour se concilier toutes les faveurs et toutes les sympathies.

CHAPITRE XIV

———

I

Croirait-on que la femme moderne n'est pas encore inventée à l'heure qu'il est?

Certaines écoles socialistes ont proposé d'émanciper la femme, c'est-à-dire d'en faire un homme, de la supprimer ; ce n'était pas résoudre la question.

Nous n'avons pas à voir ici ce que l'avenir peut réserver aux femmes sous le rapport social et politique, non plus que les exceptions, celles qui tranchent sur leur sexe par la supériorité de l'intelligence, les facultés particulières du talent.

Ce sont là encore des femmes-hommes, qui ne se rattachent que très-indirectement à ce qui nous occupe.

Ce que nous avons à voir, c'est la femme réelle,

telle que l'ont faite nos mœurs actuelles dans le cadre de la famille, du ménage et du plaisir.

II

Rien ne prouve mieux l'espèce d'insouciance systématique où nous avons vécu jusqu'à présent à l'égard des mœurs, que la situation de la femme telle que nous la voyons, encore à présent, si équivoque, si fausse, si barbare sous tant de rapports!

Il semble qu'on laisse au hasard des circonstances ou au temps le soin de fixer un des points sans contredit les plus essentiels de nos destinées.

Le temps ne fait rien par lui-même; ce qu'on appelle son œuvre n'est presque jamais que le résultat des idées et de la raison, qui amènent un progrès dont l'éclosion est bien rarement accidentelle et fortuite.

On aura beau vouloir éluder cette question de la femme, elle viendra sans cesse se replacer devant nous, comme un défi, et il faudra bien qu'on se décide enfin à l'envisager sérieusement, à en finir avec elle. C'est plus que l'accessoire, c'est le fond même des mœurs.

III

Qu'est-ce que la femme ? Singulière question, n'est-il pas vrai, pour un temps qui se dit aussi avancé, aussi mûr que le nôtre !

Est-ce une idole ou une esclave, est-elle définitivement l'inférieure ou l'égale de l'homme ? Tout cela est encore dans un vague complet.

On conçoit bien qu'il en est de l'égalité de la femme comme de toutes les autres égalités humaines ; il ne suffit pas de la proclamer et de l'inscrire dans nos codes pour faire qu'elle existe véritablement. Ici surtout, les mœurs sont bien plus fortes que les lois.

Pour la plupart des hommes, même les plus judicieux, les plus ennemis du préjugé, la femme est un enfant : la réalité de sa destinée, de son humeur, de sa constitution physique, ordonne de la maintenir, autant que possible, dans ce rôle-là.

C'est là sans doute un thème commode et très-favorable à l'amour-propre de l'homme ; mais il faut savoir si la condition pratique de la femme s'y rapporte réellement.

Sortez un peu du milieu des existences riches, heureuses, où s'étalent les faveurs et les grâces des existences féminines, les fantaisies doucereuses, les raffinements des foyers privilégiés, et voyez vous-même si la femme mérite d'être traitée et est en effet traitée en enfant, comme on le prétend parfois?

Le monde positif a bientôt fait de la considérer, non plus comme une créature frêle, délicate, irresponsable par cela même, mais comme une *travailleuse*, une *citoyenne*.

Il lui a créé des droits dont elle ne profite guère, mais, en revanche, il lui a imposé des nécessités, des obligations, une entre autres, celle de se loger, de se nourrir, de se suffire à elle-même.

La faiblesse de son sexe ne lui assure aucune espèce d'immunités ni de priviléges à cet égard-là.

IV

Jusqu'à présent, nous n'avons guère connu que la femme aristocratique, faite pour des milieux sociaux tous différents du nôtre.

On comprend que les aristocraties, qui ne représentent dans le monde que l'exception, le choix, la fleur, qui ont toujours visé ici-bas au triage et à l'élite, aient créé la femme à l'image de leur principe. Les aristocraties n'ont admis et n'admettent encore que la femme jeune et belle.

La femme est faite, à leurs yeux, avant tout pour représenter l'ornement, la fête perpétuelle du monde,

par l'éclat de son visage, de sa jeunesse, de ses séductions extérieures.

Tout ce culte dont on l'entoure, les hommages qu'on
lui prodigue, les témoignages de la passion ou de la
galanterie, ont pour mobile essentiel la beauté physique, qui représente pour la femme un règne à part
dans l'existence.

Ce règne dure ce qu'il plaît aux rides, ou même aux
maladies et aux accidents. Que deviennent les détrô-
nées? Hier encore, adulées, noyées dans un encens
perpétuel d'hommages et de faveurs; demain enlaidies,
dédaignées par cela même, exposées à la risée, sans
aucun droit à la commisération du monde, traitées
enfin comme des créatures de rebut.

Que deviennent-elles, encore une fois? Le monde,
le grand monde, comme on disait encore il n'y a pas
bien longtemps, ne s'en occupe nullement. Le visage
mort, la personne est morte; la femme vieille ou vieillie
n'est plus qu'un *cadavre* aux yeux des privilégiés, des
galants et des bienheureux.

Du reste, on sait que dans les palais et les cours le
trône de la beauté ne reste jamais vacant un seul instant. La belle femme, la reine du visage s'éclipse ou
meurt, une autre la remplace aussitôt.

Pourtant, déjà sous Louis XIV, le grand règne des
beautés de cour, la Bruyère glissait dans son livre des
Caractères la phrase suivante : « J'ai vu souhaiter
d'être une belle fille depuis treize ans jusqu'à vingt-

deux, et après cet âge de devenir un homme. » Cette
phrase, sous une apparence indifférente, en disait long
sur les mœurs du temps et sur les révolutions que
l'avenir leur réservait.

V

Les anciens, toujours plus conséquents que nous en
toutes choses, avaient eu le soin d'établir, conformément au principe oriental, deux ordres de femmes tout
à fait distincts l'un de l'autre, la matrone et la courtisane, la femme de l'intérieur, du foyer domestique; et
puis celle de l'extérieur, du plaisir.

La matrone, c'est à peine si elle nous apparaît de
loin en loin dans l'histoire; fileuse infatigable dans l'intérieur des gynécées, retirée, taciturne, conformant
toute sa manière d'être au précepte de Périclès, qui déclare que la gloire de la femme consiste à faire le moins
de bruit possible dans le monde.

Le beau rôle, le rôle éclatant et vivant, a été réservé
tout entier à la courtisane, qui tenait dans sa main le
sceptre de la volupté en même temps que celui de la
philosophie, de la poésie, des arts, de tous les enchan-
tements matériels et intellectuels, destinés à concourir
à ce culte de la beauté constitué officiellement dans
l'antiquité.

L'aristocratie grecque et romaine, en sacrifiant complétement la matrone et en couronnant la courtisane,

avait eu du moins cet avantage, d'établir la situation de la femme sur une base nette et franche.

Le patricien, c'est-à-dire l'homme par excellence, pouvait ainsi passer impunément de l'intérieur légitime à l'intérieur illégitime, de la femme à la maîtresse.

Cet arrangement si naturel, le principe aristocratique une fois admis, durerait ce que durerait le monde païen, qui n'a jamais été, comme on sait, qu'un brillant et monstrueux sophisme.

VI

Le catholicisme a fait assez pour la femme pour qu'on n'ose guère lui reprocher de n'avoir pas fait encore davantage.

Il a su lui restituer son titre de fille du Créateur, en l'offrant aux yeux du monde non plus comme une statue vivante, un modèle de beauté, d'impudicité plus ou moins idéalisée, à l'exemple des Grecs, mais comme un type de chasteté, d'amour et de vertu.

Que n'achevait-il son œuvre en osant relever la laideur physique, comme il a fait de tant d'autres afflictions humaines, la pauvreté, les infirmités, l'ignorance !

« Je suis noire, mais je suis belle ! » dit l'épouse du *Cantique des cantiques*. Si elle avait eu la pensée de dire : « Je suis noire et je m'en glorifie, parce que les noires sont mes compagnes et mes sœurs, j'aurai ainsi ma part de leurs humiliations et de leurs chagrins; » quel changement cette simple variante eût pu produire dans les idées du monde! Comme la chrétienne eût véritablement triomphé de la païenne! Quel long avenir de souffrances et d'affronts eût été épargné à la femme!

Nous n'aurions pas eu à subir tout ce bas-empire de paganisme voluptueux, ce règne de la fadeur galante succédant aux débauches des anciens et dont nous sommes encore si loin d'être affranchis, cette exploitation par le faux amour d'un sexe si noble, si intéressant, si bien fait pour être vraiment l'égal du nôtre.

L'Évangile fut obligé malheureusement, comme toutes les révolutions, de procéder par transactions et par tempéraments. Il fut contre César et pourtant il ménagea César; il fut du parti des difformes, des disgraciés, des malades, des estropiés, des manchots; il n'osa pas aller jusqu'à attaquer ouvertement la beauté, cette grande iniquité, cette grande corruption, lui arracher le trône du monde pour lui substituer... la laideur apparemment, allez-vous dire?

Ah! riez, dès à présent, moquez-vous, esprits superficiels et facétieux! Certes l'occasion est belle et le thème est facile!

Non, il n'est pas question d'introniser ridiculement la laideur au préjudice de la beauté; il est question, entendez-vous bien, de détrôner la chair; la matière, qui a beau être taillée merveilleusement et recouverte des plus brillantes couleurs, n'en est pas moins de la fange, destinée à retomber dans le bourbier commun de nos passions et de nos convoitises terrestres.

Au lieu de nier la beauté physique, le catholicisme s'en est servi, à certaines époques, dans un but de propagande pratique, ce qui a fait dans plus d'un cas du tort à son principe.

Il n'a pas peu contribué, avec ses madones souvent séduisantes à la façon des figures grecques, à augmenter le malentendu entre le beau physique et moral qui nous domine encore. Il a eu l'air de s'associer à cette opinion dangereuse et fausse dans bien des cas, que la pureté des traits est constamment l'expression de la pureté de l'âme.

Vienne après cela un siècle matérialiste et sensualiste à l'excès, prêt sans cesse à redevenir païen sans aucune des compensations de la philosophie, de la poésie et de la raison que possédait l'antiquité; vous verrez comme il sera aisé de l'arracher à ce culte de la beauté de la forme, s'il est vrai que la religion de l'humilité et de l'égalité par excellence n'ait pas su se passer d'un pareil concours!

VII

Quoi de plus vague et souvent même de plus hypocrite que les préceptes de morale que l'on en est réduit à donner aux jeunes gens et aux jeunes filles, au sujet des relations des deux sexes!

On prêche à un jeune homme la régularité des mœurs; on lui montre le danger des liaisons illégitimes; on l'engage à se réserver tout entier pour la sainte chaîne du mariage, où doit se résumer toute la vie sensuelle et sentimentale; et en même temps, on ne cesse de vanter devant lui les campagnes amoureuses d'une foule de personnages historiques qui doivent une partie de leur prestige à leurs excursions conjugales sur le territoire conjugal d'autrui.

Nos rois les plus populaires, les François I*er*, les Henri IV, les Louis XIV, ont été des libertins célèbres, *de verts galants*, comme dit la chanson : leurs tendres exploits n'ont pas nui à leur renommée : loin de là, on les a beaucoup célébrés, parce qu'ils ont beaucoup séduit.

Comment faire comprendre à ce jeune homme que l'on a à diriger à son entrée dans le monde, qu'il y a deux façons d'agir avec les femmes : l'une, toute régulière, sentimentale et pure, n'admettant que l'affection durable, celle que le monde consacre par un nœud éternel; et puis une autre toute conquérante, égrillarde et voluptueuse, qui consiste à regarder les femmes comme une proie séduisante qu'il s'agit de poursuivre et d'atteindre quand même, comme le chasseur fait le gibier?

Pour qu'un homme en France soit accepté comme *un illustre*, devienne à la mode dans le public et dans l'histoire, il faut nécessairement *qu'il ait eu beaucoup de femmes*, comme dit le vulgaire. Ne dites pas que ce sont là de vieilles idées, du vieux style suranné et tombé; don Juan n'a-t-il pas été chanté sur tous les tons par la poésie, le roman, la musique dans la période artistique et littéraire dont nous sommes encore?

Ainsi donc, deux morales à l'égard du sexe : l'une pour les souverains, les seigneurs, les grands, les princes, qui ont droit aux exploits, aux trophées de la galanterie; l'autre pour les petites gens, les roturiers, qui ont droit tout simplement au mariage.

Jeune homme de notre temps, choisis entre elles deux ! — D'un côté, l'exploitation de la femme par la galanterie, la richesse, la naissance, toutes les corruptions de la vie; dans cette donnée-là, tu seras peut-être un coquin, un monstre, mais le monstre le plus charmant, le plus délicieux, applaudi à la longue même des plus honnêtes!

Ou bien le respect de la femme, la conquête non pas de ses charmes, mais de son âme, l'échange de l'affection, peut-être le bonheur, mais un bonheur terne, obscur, sans aucune gloire.

La question posée ainsi, il semble qu'il n'y ait guère d'hésitation possible. Non-seulement la séduction vous assure le plaisir des sens, les passe-temps et les illusions du sérail, mais, de plus, elle vous grandit, vous ennoblit, vous fait en quelque sorte l'égal des Henri IV, des Louis XIV et autres don Juan couronnés. Est-ce qu'on peut hésiter un seul instant?

VIII

Et toi, jeune fille, ne reçois-tu pas tous les jours, même dans les conditions de la vie les plus humbles, les meilleurs conseils pour te préserver d'une chute?

« O ma fille, si tu allais devenir la maîtresse et non l'épouse légitime d'un homme, songe donc quel désespoir pour ta famille et quelle honte pour toi-même!... Songe à tout ce qu'un pareil titre entraîne avec lui d'avilissement et de malheur!... »

La jeune fille prêchée de la sorte ouvre l'histoire de France; dans quelle compagnie de femmes s'y trouve-t-elle? Celles qu'elle voit figurer aux premiers rangs sont des créatures qui ont dû leur élévation précisé-sément à ce titre de *maîtresses*, pour lequel on cherche à lui inspirer tant d'horreur; ce sont les Gabrielle d'Estrées, les la Vallière, les Montespan, les Maintenon, les Pompadour, les Dubarry, ces quasi-reines, bien plus reines souvent que la reine elle-même, sans compter leurs enfants adultérins, qui ont eu titre de princes, de ducs et pairs, et parfois même d'héritiers du trône.

Quand cette même jeune fille voit dans les musées et les galeries historiques des portraits de favorites, s'aperçoit-elle que les honnêtes gens détournent les yeux avec horreur? En aucune façon : on s'approche au contraire volontiers de ces portraits; on les contemple, on les commente, on leur sourit avec complaisance.

Il faut donc lui faire comprendre que cet emploi de maitresse est admis ou réprouvé, glorifié ou honni, suivant les rangs et les circonstances, qu'il y a *la maîtresse de ville* et *la maîtresse de cour ;* pour l'une, la flétrissure, l'anathème ; pour l'autre, au contraire, les louanges, l'exaltation, une sorte de consécration historique et littéraire qui se perpétue même après des siècles... O morale, démêle-toi de là, si tu peux !

IX

Mais que sera-ce donc si l'on passe à l'ère moderne !

La jeune fille qui en est encore à son apprentissage de la vie aperçoit dans une promenade publique un superbe équipage, dans lequel se trouve une femme inondée de parure, de bijoux, de tous les raffinements de la coquetterie et du luxe.

« O ma fille ! détourne la tête bien vite ; cette femme n'est autre que la... une telle, une de ces misérables gueuses à grand fracas, au train scandaleux, qui insultent la morale et la raison publiques par leurs splendeurs effrontées ! —

— Mais enfin, dit la jeune fille, ce train scandaleux, qui donc le leur donne ?... Des gens de rien, sans doute, le rebut de la société, des êtres qui ont eux-mêmes foulé aux pieds toute morale...

— Du tout, les hommes qui les mettent sur ce grand pied appartiennent à ce qu'on appelle l'élite du monde; ils ont généralement pour eux l'éducation, la naissance, la richesse. Ils organisent et payent ce luxe, qui fait la honte de ces femmes.

— Alors ils ont nécessairement leur part de cette honte...

— Nullement; il est convenu qu'on peut couvrir ces femmes-là de toutes sortes de trésors et de prodigalités, les voir sans cesse, vivre dans leur société intime, en restant toujours, malgré cela, parfaitement honnête, distingué, tout à fait galant homme... amant, chevalier, pair à compagnon, tant qu'on voudra, jamais complice! »

La jeune fille ouvre de grands yeux et ne comprend pas, ou plutôt elle comprend trop bien qu'on la trompe.

Quand on lui déclare que la condition de fille entretenue représente l'humiliation de la femme, la réalité est là qui lui dit le contraire. — Comment se fait-il que messieurs tels et tels, si bien nés, si bien posés, si bien reçus partout, vivent constamment avec des femmes de cet ordre-là?

Ce métier soi-disant réprouvé et maudit constitue, en réalité, une charmante émancipation. — Couturières aux doux yeux, ouvrières au teint de lis et de roses, paysannes au joli minois, c'est pour vous le seul moyen d'avoir vos entrées dans le grand monde.

X

Oh ! oui, certes, nous sommes régence, et toujours régence, malgré 89 et tout ce qui s'en est suivi !

Mais redisons-nous bien aussi que beaucoup de nos vices (et il n'y a pas de quoi nous en désoler) sont surtout affaire de plagiat, désir de rivaliser avec un certain passé débraillé et corrompu qui nous tient sans cesse sous le charme.

Toutes ces petites régences de détail que nous voyons desséminées dans les promenades, les concerts, les courses, les bals publics, les cabinets des restaurants, les coins de Paris affectés spécialement aux mœurs galantes, tout cela, c'est du vice, sans doute, mais c'est aussi de l'imitation, de la mise en scène de vieux vice.

Songez donc à tout ce que nous avons vu défiler devant nous depuis 1830 en fait de mousquetaires, de gentilshommes galants, de roués, de séducteurs musqués, de gens à petits soupers et à maîtresses, dans les feuilletons, les comédies, les chansons, les aquarelles, partout !

Ah ! maudite soit cent fois la littérature à poudre, qui s'est avisée de nous remettre en honneur ces affreux Lauzun, ces Richelieu, ces Létorière, ces Faublas, tous ces insupportables fats qu'il eût valu bien mieux laisser dormir à tout jamais dans la poussière de leurs gothiques équipées !

Comme nos mœurs eussent été différentes, comme nous aurions eu d'autres penchants, une tout autre jeunesse, si la littérature, au lieu de se mettre du parti de la séduction, eût eu l'idée de soutenir la thèse contraire, de prouver que le vrai modèle à suivre, le vraiment galant homme, c'est, non pas celui qui a eu le plus de femmes, mais celui qui en a eu le moins, qui a été, non pas le plus volage, mais le plus fidèle, le plus sincère et le plus loyal des amants ou des époux.

En posant ainsi la question, notre temps prenait un pli, on n'ose pas dire plus vertueux, mais du moins plus sensé, plus réel, surtout moins entaché de pastiche.

XI

Nous avons donc une dépravation contemporaine, voilà qui est avéré ; mais, malgré son étalage et son luxe, ses petits hôtels surchargés d'or, ses mobiliers galants, cloués avec des perles et des émeraudes, comme on sent qu'elle reste toujours roturière et bourgeoise à côté des corruptions passées !

L'argent seul l'inspire, ce qui fait qu'elle s'étend aujourd'hui à plusieurs classes qu'elle n'atteignait pas autrefois.

On ne sait plus où s'arrête maintenant la fille entretenue; elle est venue à s'introduire non plus seulement dans le monde de l'exception et de l'extravagance, mais, ce qui est triste à dire, dans les habitudes de la vie normale et sérieuse; elle se trouve inscrite tacitement dans plus d'un budget honnête et régulier.

Que de nuances, de variétés de femmes perdues de toute espèce n'aperçoit-on pas du reste dans ce cadre de la semi-prostitution, pire souvent que celui de la prostitution avouée!

Voyez à une certaine heure se déchaîner sur la surface brillante de nos grandes villes ces nymphes de tous les ordres et de tous les étages, toute cette misère attifée, parée, ce luxe de faux aloi, ces équipages qui provoquent et mendient à grand fracas, ces livrées effrontées et dérisoires, ces chevaux qui piaffent à crédit, colportent çà et là le luxe du mensonge et de la faim! Et sous tout ce clinquant cynique, quand on y songe, combien d'âmes flétries, de jeunesses vendues, de malheureuses créatures qui n'ont souvent que l'orgie de minuit pour pain quotidien!

Ah! c'est là sans doute une triste page de nos mœurs, si triste que le plus souvent on détourne les yeux, pour tâcher de ne pas voir!

Les lumières et les idées modernes peuvent-elles se contenter de cela? Suffit-il de déplorer et de jeter le voile autant que possible sur de tels abus?

N'y a-t-il pas à essayer de les combattre sérieuse-

ment, de couper court à un fléau d'autant plus grave,
qu'il semble être le fruit même de la civilisation et
destiné à se propager à mesure qu'elle étend ses effets?

XII

Et dire pourtant que cet état de choses si répugnant
se modifierait entièrement si on voulait; qu'on pourrait le voir sinon tomber tout d'un coup, du moins se
dessécher et mourir graduellement comme un arbre
dont on aurait coupé les racines!

Oui, vienne un mot d'ordre parti on ne sait d'où, de
la bouche d'un inconnu peut-être, et vous verrez bientôt se dissiper toute cette immoralité qui est encore
plus dans les conventions que dans les intentions mêmes
de notre siècle.

Vous verriez toutes ces pécheresses qui vous paraissent si profondément corrompues, si endurcies, et qui
ont malheureusement à peu près toutes à alléguer pour
excuse commune la situation si misérable qui est faite
à la femme dans notre société, se transformer sinon
en vestales, du moins en simples et paisibles travail-
leuses, trop heureuses d'échanger contre une condition admise cette existence qui cache sous son vernis
de fausse splendeur tant d'affronts, d'expédients déplorables, si souvent maudite par elles-mêmes, au sein
même de leur enivrement!

Ces hommes, qui semblent ne pouvoir absolument pas se passer de ces museaux barbouillés de blanc et de rouge, qui ont l'air d'être enfoncés jusqu'aux entrailles dans ce monde si faux, si nauséabond, pour peu qu'on y ait séjourné quelque temps, vous les verriez s'en détourner bien vite, si la mode n'y était plus, transporter ailleurs leurs habitudes et leurs démonstrations vaniteuses.

Utopie! dites-vous, hallucination d'un cerveau égaré, chimérique, qui ne veut absolument pas accepter son temps pour ce qu'il est!

Un seul mot : — Est-ce que la femme entretenue est l'habitude du monde entier? Est-ce que ce n'est pas un fait tout spécial affecté à un certain coin d'une certaine société raffinée et centralisée?

Les mœurs l'ont créé; pourquoi n'arriveraient-elles pas à le détruire? Mais pour cela, il faudrait nous débarrasser avant tout de la convention régence, du vieux culte séducteur et galant, enfin, pour tout dire, du préjugé de la beauté.

XIII

O Jupiter! quel don fatal tu nous a fait en nous envoyant la beauté sur cette terre! La beauté a été, sans contredit, le pire de tous les maux sortis de la boîte de Pandore.

Mais pourquoi accuser les dieux? La beauté n'est-elle pas en grande partie l'œuvre de l'homme lui-même? N'est-ce pas nous qui l'avons instituée, exaltée, placée sans cesse sur des trônes et dans des temples?

Que de malheurs n'a-t-elle pas attirés en revanche sur notre espèce? O vous qui professez son culte quand même, réfléchissez donc encore une fois aux flots de sang qu'elle a fait répandre, à ces guerres d'amour qui ont duré des dix années! Le genre humain a non-seulement souffert mais chanté cela, et il s'étonne d'en être encore où il en est!

Tant de monstrueuses folies, d'abêtissements honteux, de travestissements misérables de tant de nobles caractères, tant d'absurdes romans filés aux pieds des coquettes; et, pour ce qui est des temps actuels, tous ces scandales qui se passent chaque jour autour de nous, ces effrayantes sommes d'argent sacrifiées pour tel nez retroussé ou telles tresses blondes, gaspillées pour des poupées vernies qui ont des âmes de mousseline, des têtes de soie, qui vivent perpétuellement dans des gouffres inépuisables d'or et de diamants, tandis que tant de malheureuses familles... Ah! vous faites vous-même le triste parallèle! A quoi bon l'étaler sous vos yeux?

XIV

La beauté, fort surfaite d'ailleurs, et beaucoup trop vantée par les muguets, les esthéticiens et les archéologues, peut être agréable à un certain nombre de gens qui la possèdent ou qui en jouissent; mais à coup sûr on ne prouvera jamais qu'elle soit profitable à la majorité de l'espèce humaine.

Le grand mal, en vérité, quand il n'y aurait plus sur cette terre ni beaux ni belles !

Est-ce que vous regretteriez beaucoup, pour prendre les types fondamentaux, ce fat d'Adonis, ce monstre d'Antinoüs ou même cette horrible Vénus, cette effrontée gourgandine, qui, après avoir épousé un digne et honnête travailleur, Vulcain, n'a rien eu de plus pressé que de s'afficher honteusement avec un beau soldat aux yeux de tout l'Olympe assemblé?

Quand aucune créature ne dominerait les autres par le charme extérieur du visage et du corps, faudrait-il considérer cela comme une calamité humaine et une iniquité de la Providence?

On arriverait ainsi à diminuer, peut-être même à effacer presque entièrement cette infortune de la laideur physique, que la nature inflige dans ses jours de cruauté à un si grand nombre de ses enfants, comme pour mieux faire ressortir la beauté mythologique dont elle gratifie quelques autres.

Les anciens eux-mêmes, les fondateurs du règne de la beauté plastique, n'ont pas été sans comprendre que la laideur avait aussi ses droits dans ce monde.

Ce masque ridicule donné à Socrate avait bien sa signification, à la fois sociale et morale, qui nous échappe malheureusement en partie au milieu des nuages ironiques et métaphysiques des *Dialogues* de Platon.

On doit regretter que cette figure laide et grotesque de l'homme de bien et d'esprit par excellence chez les Grecs n'ait pas été mieux dégagée pour nous. Le type de Socrate eût peut-être prédominé dans le monde, de préférence à celui d'Alcibiade : dès lors quel changement, quelle révolution dans tout le point de vue humain !

Quoi qu'il en soit, n'hésitons pas à nous rallier à l'opinion de ce même Socrate, qui a déclaré « qu'une belle personne est plus dangereuse qu'un scorpion. »

Au nom de la justice générale et de l'équilibre des mœurs, toute belle femme est un monstre, bonne par conséquent, comme tous les monstres, surtout pour la curiosité et l'exhibition.

XV

Du reste, consultez l'instinct de la femme par excellence, la mère prise dans le milieu social le plus humble, mais qui est souvent le plus sensible et le plus vrai ; demandez-lui si elle souhaite que cette fille qu'elle va mettre au monde soit inscrite parmi les idoles de la beauté, les reines du visage destinées à être encensées à cause de leurs charmes.

Son premier mouvement sera toujours de rejeter bien loin une telle perspective ; elle vous répondra que ce qu'elle désire avant tout, c'est non pas une fille laide, car la laideur est une infirmité pour la femme dans notre monde tel qu'il est constitué, mais une figure ordinaire, courante, *une de ces physionomies dont on ne dit rien*.

Telle est la première expression du sentiment maternel, même sous les haillons, même la chute de la fille dût-elle devenir pour elle, par la suite, une ressource déplorable dans les jours de vice et de misère.

Aucune mère n'a les entrailles artistiques lorsqu'elle enfante ; il en est bien peu qui songent à appeler ce don si souvent funeste de la beauté sur la tête de cette créature que Dieu lui envoie.

Toutes savent bien que la beauté est presque tou-

jours la perte morale de la femme. Elle ne réalise que
dans bien peu de cas le pur attachement des sentiments
et du cœur; c'est avant tout l'amour des sens, la coquetterie, l'égoïsme, l'envie de briller, le double piège des
séductions et de la vanité, tout ce qui met à l'encan
toutes ces belles têtes de jeunes filles, troublées et per-
verties presque toujours bien avant l'âge de raison.

Une belle femme a tant de raisons de ne pas rester
pure! Le monde ne lui pardonne guère sa vertu, dans
tous les cas; il la raille, l'attaque de toutes les façons;
sa sagesse est comme un vol qu'elle fait à ses corruptions et à ses plaisirs.

XVI

Du reste, si on veut se rendre un compte exact des
rôles que le préjugé et l'éducation jouent dans le sentiment de la beauté, que l'on prenne le jeune homme
le plus fou, le plus éperdument épris de telle ou telle
fille à la mode qui occupe le faîte du monde des beautés
affichées; qu'on l'enferme avec elle dans une île dé-
serte, loin des regards et des murmures approbateurs
de la foule, et s'il est franc, qu'il dise lui-même si au
bout d'un certain temps son idole n'a pas perdu à ses
yeux au moins les trois quarts de son prestige.

La beauté est donc bien plutôt une question de
point de vue social qu'une question de cœur.

Une belle femme plaît d'autant plus dans le tête-à-tête, que l'on pense à tous les yeux qui pourraient être en ce moment attachés sur soi, pour envier le bonheur dont on jouit.

Du reste, généralement, pour ces sortes de passions-là, il faut la notoriété avant tout, les lieux en évidence, les avant-scènes, les courses, les promenades, une assistance nombreuse que l'on puisse mettre sans cesse dans la confidence de ses amours.

C'est bien la peine, en vérité, de payer une femme fort cher, de se ruiner pour elle, si on n'a pas du moins le plaisir de l'étaler et de s'en faire honneur en public !

XVII

— Mais quoi ! allez-vous donc mutiler toutes les belles figures de femmes, étirer les joues, aplatir le nez de toutes les petites filles au berceau pour leur donner les traits des négresses ?

Qui parle de cela ? Qui songe même à nier l'empire qu'un beau visage exerce, non pas seulement sur les sens, mais même sur l'âme, par correspondance ?

Mais est-il donc nécessaire d'aggraver encore cet empire-là par toutes sortes de consécrations artificielles et ruineuses, les déclarations d'amour enrichies de diamants, les tendresses à quatre chevaux, tous les accessoires du luxe et de l'envie de paraitre, qui viennent si singulièrement compliquer la question de sentiment ou d'attrait produit par la beauté même?

On comprend combien, dans une matière si neuve encore et si peu explorée, on est forcé de s'avancer avec précaution, sous peine d'avoir l'air de courir après un vain et puéril paradoxe, quand on ne recherche que la seule vérité.

Toutefois, sans vouloir hasarder aucune espèce de prédiction, on peut dire qu'il n'est nullement impossible que cette influence de la beauté de la femme, encore si souveraine et universelle à l'heure qu'il est, ne soit plus un jour à venir qu'une question imperceptible, presque indifférente. Ceci n'est nullement en contradiction avec la raison, même avec les données des faits acquis.

Ainsi, la beauté de l'homme a tenu dans le monde une place qui, sans être aussi importante que celle de la beauté de la femme, n'en a pas moins été considérable. Comment se fait-il que ce privilége-là ait presque entièrement disparu, du moins ostensiblement? Il n'y a plus guère aujourd'hui que les femmes galantes qui se permettent de discuter ouvertement les traits et l'extérieur d'un homme.

Il est convenu qu'on ne dit plus rien de la figure masculine. Du reste, on peut avoir la première preuve authentique de cette modification dans la chute com-

plète du danseur de théâtre, ce Cupidon de nos grand'-
mères ?

Que penserions-nous aujourd'hui d'un homme qui se
permettrait de publier les détails de sa physionomie,
d'apprendre à ses lecteurs qu'il a « le teint brun, le
front élevé, les dents blanches, le nez plutôt grand que
petit, qu'il vient de courir à son miroir pour voir s'il
n'avait pas trop de menton, etc., etc. ? »

Qui a écrit cela? un fat ou un sot? Non, c'est la
Rochefoucault, l'immortel auteur des *Maximes*, qui a
cru faire la chose du monde la plus naturelle en donnant ainsi au public l'inventaire de ses traits.

Comme désintéressement extérieur, nous sommes,
certes, beaucoup plus avancés que cela.

Nous sommes à peu près débarrassés du *bel homme*,
du moins officiel ; pourquoi n'arriverions-nous pas à
nous débarrasser aussi de la *belle femme*, prise, bien
entendu, dans le sens abusif du mot ?

— Mais, dit-on, une belle femme est un tableau
admirablement composé par la nature! — Soit ! mais
alors pourquoi donc tant dépenser pour le cadre ?

XVIII

On conçoit que la belle femme étant donnée, il soit
fort difficile, impossible même, de jamais fixer les
mœurs.

Du moment où il est convenu qu'une créature, sous prétexte qu'elle est belle, a droit à toutes les grâces, à tous les hommages d'ici-bas, à des temples, à des paradis perpétuels, il est clair que toute la vie se résume en un seul mot, *la beauté;* hors de là, pour la femme, point de salut.

Alors autant vaut rétablir tout uniment la courtisane des anciens, officielle, philosophique et lettrée, Léontium, Laïs, Cytheris : en légalisant la beauté, en lui donnant un caractère avoué, reconnu, vous pouvez lui imposer aussi certaines obligations, certains devoirs, l'instruction, entre autres choses, la culture intellectuelle, les priviléges de l'esprit et non pas seulement du corps. C'est toujours autant de gagné pour les gens qui vivent constamment avec une certaine espèce de femmes.

Nos filles entretenues modernes, courtisanes clandestines, nullement classées, malgré tout leur luxe, fausses grandes dames mêlées si souvent de cuisinières ; charmantes bourriques fermées d'ordinaire à toutes les choses de la raison et de l'esprit, ne doivent-elles pas influer singulièrement sur les tendances intellectuelles de notre temps, en dehors même de la question des principes et de la morale? N'est-il pas avéré qu'une partie de la jeune génération concentre toutes ses inclinations et ses habitudes dans ce cercle de femmes qui seraient sans doute généralement assez peu en état d'enseigner la politique et la rhétorique, comme Aspasie?

Il ne serait donc nullement déraisonnable d'exiger d'elles quelques garanties d'éducation et d'études, quand on pense à la place qu'elles occupent dans le grand monde actuel.

Pourquoi ne créerait-on pas le baccalauréat des femmes entretenues?

Pourquoi celles qui se destinent à ce digne et intéressant métier ne seraient-elles pas forcées de subir certaines épreuves préalables, de prouver du moins quelque teinte d'orthographe et de littérature, de façon que les gens du meilleur ton qui leur consacrent leur existence ne soient pas exposés à s'entendre demander par elles, comme il arrive plus d'une fois, si Voltaire était un marin ou un général d'artillerie?

XIX

Nous nous vantons beaucoup d'avoir rehaussé la femme depuis le christianisme, de l'avoir réhabilitée, émancipée; mais si nous allons au fond des choses, nous reconnaîtrons qu'elle est restée, à peu de chose près, ce qu'elle était à l'époque du paganisme : la forme est sans doute plus apprêtée, plus policée, mais le fond de justice et de garanties sociales ne vaut guère mieux.

Ainsi, le moyen âge, la chevalerie, la renaissance, les cours, les châteaux, tous les galantins et les damoiseaux du temps passé ont beau s'écrier : — Ma dame, ma vie, mon âme, ma pensée, ma princesse, ma souveraine, ma maîtresse, ma mie, ô gai, etc., tous ces termes d'exaltation et d'idolâtrie ne s'adressent jamais en définitive qu'à une seule espèce de femme, la belle.

Au lieu de la femme plastique et artistique des anciens, nous avons créé la femme chevaleresque, romanesque, moins spéciale sans doute que la statue grecque, mais qui est bien loin encore d'être la femme en chair et en os, intelligente et sensible, telle que la réalité nous la présente.

Pour les aristocraties, avons-nous dit, pas de vieillesse ni de laideur : la vieillesse, on la farde, on la poudre, et on arrive ainsi à réaliser des séducteurs de quatre-vingts ans, comme ce déplorable Richelieu.

La laideur, on la ravale autant que possible, on l'enfouit dans les bas-fonds de l'existence, on lui donne le coup de grâce de la déplaisance, en l'employant à tous les ouvrages grossiers et prosaïques, qui ne sont guère faits sans doute pour répandre du charme sur les visages disgraciés.

Pourquoi les laids sont-ils envoyés sur cette terre? Évidemment pour cirer les bottes des *gentilshommes*, c'est à-dire des beaux hommes. Les laides, de leur côté, sont faites pour raccommoder les bas des princesses et des reines.

De cette façon-là, tout est pour le mieux; chacun est à son rang, indiqué nettement par la conformation phy-

sique. Il y a bien de temps en temps quelques *jacque-*
ries des nez camus contre les nez aquilins, des mains
rougeaudes de blanchisseuses qui se révoltent contre
les mains de lis et d'albâtre des duchesses ; mais ce ne
sont là que des mouvements à peu près imperceptibles.

Comme personne dans ce monde ne veut s'avouer
franchement laid, il en résulte que les soulèvements
particuliers des types et des visages se confondent
presque toujours dans les causes générales des boule-
versements sociaux et des révolutions politiques.

XX

Imprudents et insensés que nous sommes! nous
avions bien besoin, en vérité, de changer le bon vieil
état de choses établi à l'égard de la femme, d'avouer
que la laide a une âme tout aussi bien que la belle, et
souvent non moins sensible et relevée; qu'elle est, elle
aussi, notre compagne, notre sœur, notre égale!

Non, cela n'est pas vrai, la laide n'est pas notre égale,
et la preuve, c'est que lorsque la femme est belle, nous
n'hésitons pas à mettre l'univers à ses pieds; lorsqu'elle est laide, au contraire, nous ne lui devons rien,
pas même un morceau de pain.

« Vends-toi si tu peux, dit la nécessité moderne à la

femme, ou sinon mendie, meurs, deviens ce que tu pourras, puisqu'il est convenu que le travail t'est sans cesse disputé par les mains robustes et despotiques du sexe dominateur. »

Mais ceci touche à la condition générale de la femme, pour laquelle il n'y a rien absolument à faire, comme on sait. Tous nos philosophes, nos économistes, nos publicistes modernes, ne sont-ils pas à peu près d'accord là-dessus? Restons donc dans notre sujet.

Énonçons seulement ceci, c'est que s'il était bien prouvé que la beauté est décidément un fléau humain, que le plaisir passager qu'il procure n'est nullement en rapport avec les mille injustices, désordres, dévergondages qu'il engendre, il n'y aurait certes aucun inconvénient à essayer de le détruire; ce serait même un devoir de raison, de haute nécessité humaine et sociale.

XXI

L'éducation qui fait le mal, en grande partie, peut arriver à le diminuer sensiblement.

Est-il donc si difficile de commencer par réprimer avec énergie ce sentiment de la coquetterie, inné, dit-on, chez la plupart des petites filles, et que l'on se plaît si souvent à développer par l'assentiment du sourire et l'attention toute de complaisance qu'on leur prête si volontiers? N'encouragez pas du moins ces petites poupées minaudières, qui cherchent de si bonne heure un public pour leurs simagrées et leurs gentillesses.

Ne peut-on pas éloigner les idées de l'enfance, en général, de l'examen des figures que les grandes personnes ont si souvent la mauvaise habitude de juger elles-mêmes et de discuter tout haut devant elle?

Quand un marmot quelconque s'avise de vous dire : — Monsieur un tel est-il bien?... Madame une telle est-elle jolie?... Est-ce que vous trouveriez qu'il fût si mal de lui répondre : — Apprends, mon enfant, qu'il n'y a dans ce monde ni gens bien, ni gens mal. Dieu, qui sait que nous ne pouvons absolument pas nous refaire ni réparer nos défauts physiques, a voulu nous donner à tous tant que nous sommes une figure uniforme, afin de ne pas établir de causes de rivalité ni d'inégalité entre ses créatures.

L'enfant, quoi qu'on en dise, ne naît pas du tout avec le sentiment du beau; s'il a l'air de critiquer une figure, ce n'est que par ouï-dire et pour complaire aux grandes personnes, enchantées de lui entendre dire quelque bonne méchanceté de perroquet sur l'extérieur des amis ou même de certains parents qui sont le plastron de la famille.

La mère, fût-elle la plus difforme et la plus disgracieuse des créatures, est toujours merveilleusement belle aux yeux de son enfant.

XXII

Il ne tient qu'à nous, du reste, de ne plus ramper aux pieds des idoles, de renoncer une fois pour toutes à ces airs de Céladons et d'étoupes perpétuellement enflammées, qui ne sont vraiment plus de notre siècle.

Nous avons déjà beaucoup rabattu de la vieille galanterie française d'étiquette et de cour, mais il nous en reste encore bien plus qu'il ne nous en faudrait.

Il est convenu qu'on aime passionnément les femmes en France : cela vaut mieux sans doute que de les haïr ; mais encore faut-il que ce goût-là se tienne dans de certaines bornes, reste toujours parfaitement délicat, naturel, ne se complique pas d'une foule de conventions, de démonstrations artificielles, faites surtout au point de vue du public et du préjugé.

Pour prouver nos dispositions galantes et soutenir notre vieille renommée amoureuse, ne nous faisons pas bien plus préoccupés d'intrigues tendres et d'aventures sentimentales que nous ne le sommes réellement.

Que de fois ne nous a-t-on pas reproché notre tic national, si ridicule, en effet, l'un des premiers que remarque l'étranger en débarquant en France, qui nous pousse à ne jamais laisser passer une femme dans la rue sans nous retourner d'un air piquant et passionné, pour l'examiner, la *jauger*, en prendre en quelque sorte, possession par le coup d'œil !

Et tant de dissertations à perte de vue sur les cheveux de celle-ci, la bouche de celle-là, la taille de l'une, la jambe de l'autre ! Cette perpétuelle anatomie de la femme par le propos n'a-t-elle pas quelque chose de profondément charnel et grossier, qui nous poserait comme une nation foncièrement matérialiste, s'il n'y avait pas dans tout cela beaucoup de vanité et de forfanterie ?

N'est-ce pas assez d'analyser une femme quand elle est à vous, quand elle est protégée par la pudeur du tête-à-tête ?... Il est vrai qu'alors on ne l'analyse plus, on ne la juge plus, on l'aime.

Ce regard de concupiscence inquisitoriale, attaché sans cesse sur l'apparence et la démarche de la femme extérieure, contribue beaucoup, sans doute, à maintenir le taux du préjugé de la beauté.

— Mais, dit-on, il faut bien passer sa vie à quelque chose. N'a-t-on pas le droit de regarder les femmes comme on regarde les fleurs ?

Oui certes ; mais les fleurs, en les regardant, vous ne les flétrissez pas, vous ne les matérialisez pas. La femme n'est pas plus une fleur qu'un tableau ; c'est une créature avant tout, humaine, raisonnable, et qui a un besoin particulier de raison, à cause même de sa faiblesse.

C'est à vous, sexe puissant et supérieur jusqu'à nouvel ordre, à voir si vous voulez abuser sans fin de cette infirmité qu'on appelle sa beauté, pour opprimer son intelligence et son âme ?

XXIII

La société moderne n'a certes pas la prétention de changer en un tour de main l'organisation tout aristocratique du *beau sexe*, qu'il serait bien plus juste, souvent, d'appeler le sexe exploité et misérable.

Elle n'ignore pas que la nature se plaira toujours à nous envoyer pour brouiller les cartes du genre humain de ces merveilleux visages faits pour tourner les têtes et dompter parfois les plus fières sagesses.

Subissons donc la beauté de nature, mais du moins n'y joignons pas la beauté d'artifice et de luxe.

Quand la belle femme proprement dite nous manque, nous la créons à notre façon, avec toutes sortes d'oripeaux, d'onguents, de plumes, de bijoux, de cosmétiques ; nous faisons la beauté *riche* avant tout, comme l'élève d'Apelles.

Supposons, ce qui est bien absurde sans doute à l'heure qu'il est, que les femmes en viennent à adopter, comme les hommes, une mise à peu près uniforme, que les aristocraties de diamants et de cachemires dis-

paraissent : vous verrez à quels termes simples et res-
treints sera réduite cette immense question de la
beauté.

Les hommes trouvent les femmes vaniteuses et coquettes, mais ils le sont au moins autant qu'elles ;
plus elles sont extravagantes dans leur costume, et plus
elles ont le don de les éblouir et de les charmer.

Aussi, voyez où elles en sont, voyez ces inondations
de soie et de mousseline ambulantes, ces perpétuels
étalages d'étoffes et de magasins qu'elles portent sur
elles, ces difformités de la taille et du vêtement qui représentent la *ceinture de Vénus* de l'ère moderne !

XXXIV

On dit aussi que si la beauté physique venait à disparaître du programme humain, nous perdrions par
cela même un des titres de supériorité les plus réels de
notre espèce.

Si la race humaine n'a pour établir sa supériorité sur
les animaux que les quelques échantillons de beauté
épars sur le globe, il faut avouer qu'elle ne s'estime pas
à un bien haut titre !

Les tigres et les lions nous diront toujours que s'ils
avaient l'habitude, comme nous, d'entretenir des lion-
nes et des tigresses, notre prééminence sur les bêtes
sauvages serait peut-être fort contestable.

Mais vous craignez qu'avec un type de visage uniformé, consacré pour tous et même pour toutes, l'âme des traits ne disparaisse, que le langage des yeux, du front, de la bouche ne soit tué à tout jamais.

N'avons-nous donc que nos masques matériels pour nous diversifier les uns des autres et pour révéler la partie surhumaine de notre nature? Est-ce qu'il n'y a pas la mise en scène constante du sourire, si supérieur à la bouche; du regard, si supérieur aux yeux; le jeu de tous ces muscles si animés, si souples, si vivaces, qui correspondent directement avec les fibres du moral et de l'intelligence?

N'est-ce donc rien que la physionomie, avec laquelle on a si peu compté jusqu'ici, la physionomie, cette beauté de la laideur et de la difformité qui est destinée tôt ou tard à remplacer le grand type grec, si parfait, mais si indifférent à la longue, parce qu'il a transporté du moral au physique la question de l'idéalisme?

La physionomie vous restera, malgré tout, au milieu de la disparition de la beauté, et songez bien que ce n'est pas le ciseau de la nature qui la fait, non! c'est vous-même qui la créez, c'est la pensée, c'est le cœur, c'est le don de tous et non plus seulement l'attribut spécial de quelques bustes et de quelques médailles vivantes que l'on admire de loin en loin dans le grand musée de la vie.

XXV

Amoureux, vous ne vous plaindrez pas de ce que l'on détruit ainsi le prestige de vos amantes. N'est-il pas vrai que vous avez toujours dans vos cœurs de quoi les rendre cent fois plus belles et séduisantes que la réalité?

Inventeurs, poëtes, ne dites pas que si les beaux hommes ou les belles femmes vous manquaient, vous n'auriez plus de héros pour vos fictions. Ne savez-vous pas que des héros trop beaux, même les héroïnes trop belles, affadissent bien vite tous les poëmes et les romans?

Artistes, peintres, sculpteurs, n'allez pas dire que l'art moderne est détruit, s'il se trouve en face d'une société qui n'admet plus le beau plastique; c'est, au contraire, votre renaissance, votre résurrection véritable.

Il y a juste deux cent quarante ans que la belle femme est morte (Raphaël est mort en 1520). Depuis ce temps-là, vous n'avez fait et vous ne deviez plus faire que du Raphaël éteint, dégénéré. Vous deviez tomber graduellement dans la diversité, la mobilité, l'expression, enfin dans la physionomie moderne, qui ne peut que s'écarter de plus en plus de l'ancien idéal classique pour arriver au complet romantisme des traits.

XXVI

Mais on comprend bien que ce que l'on poursuit ici
avant tout à travers cette guerre, si paradoxale en ap ·
parence, faite à la beauté, c'est le trafic de la femme,
cette traite odieuse des beaux yeux et des beaux visages
qui se fait sans cesse sous nos yeux, et qui est une des
grandes hontes de nos mœurs.

Si l'on parvenait à l'abolir ou au moins à le diminuer
en partie, ce trafic déplorable, est-ce qu'il ne faudrait
pas applaudir de tout cœur comme à un des grands
bienfaits du sentiment et des lumières morales? Qu'est_
ce qui oserait réclamer alors les droits de l'esthétique,
de la galanterie ou de l'égrillardise? ·

Ce serait peut-être le véritable retour aux affections
de la famille, le salut d'une société indécise qui s'en
va flottant sans cesse entre le mariage et la liaison ;
entre la femme honnête, c'est-à-dire la femme aimée
d'un seul, et la courtisane, la femme aimée de tous.

Ce serait peut-être aussi un nouveau monde que nous
verrions éclore, infiniment moins corrompu et pourtant bien plus attrayant que l'ancien.

Qu'on ne s'y trompe pas, la débauche, ce n'est pas
le bonheur, ni même le plaisir ; c'est le plus souvent

le dégoût, le remords, l'ennui, ce grand ennui qui est en partie le testament d'un certain passé à la fois vicieux et blasé dont nous sommes encore dupes dans tant de circonstances.

XXVII

Pourtant, il est clair que si on nous enlève la belle femme, il faut absolument que l'on nous donne le plus tôt possible la femme intelligente, sensible et sensée, la femme morale au niveau de l'homme moral.

Mais ici, mesdames, vous qui vous montrez si justement fières de vos titres d'épouses, de ménagères, de mères de famille, titres sacrés sans contredit, mais qui ne sont pourtant pas la vie tout entière, apprêtez-vous à entendre certaines vérités, un peu dures sans doute, mais qu'il serait à la fois déraisonnable et lâche de vous cacher plus longtemps.

Apprenez donc une chose bien étrange, sans doute, mais qui n'en est pas moins authentique, c'est que plusieurs de ces filles entretenues, de ces actrices dont on dit tant de mal avec raison sous plus d'un rapport, ont, malgré tous leurs défauts d'éducation, de ton et de manières, certaines qualités de sociabilité, de grâce, même d'esprit argent comptant qu'on ne saurait leur contester.

Elles seules en définitive savent aujourd'hui rire, folâtrer, semer dans la vie un peu de piquant et d'imprévu. — Elles se permettent tout, direz-vous ; faut-il donc les suivre sur leur terrain et imiter leur dévergondage ? Non, certes ! Mais ne pourrait-on par purifier, *expurger* leur manière d'être d'une certaine façon ? Quand vous leur empruntez leurs chapeaux et leurs toilettes, ne savez-vous bien leur donner le cachet de l'honnêteté et de la décence ?

Nous avons déjà parlé de l'ennui profond que les hommes jeunes ou vieux se plaignent d'éprouver dans le monde proprement dit. Les désordres et les incartades de conduite n'ont souvent pas d'autre cause.

XXVIII

Quelle femme, hélas ! opposons-nous généralement à la courtisane et à la comédienne dans le monde régulier ?

Est-il assez borné, assez prosaïque, assez profondément matérialiste, le centre où se tient d'habitude celle qui doit animer un salon, constituer la causerie, l'amabilité, empêcher que le milieu honnête ne soit submergé comme il l'est sans cesse par l'écume de l'orgie et le courant équivoque du monde clandestin ?

Si vous n'avez pas un but déterminé de galanterie et de conquête, essayez donc de causer avec ce qu'on est convenu d'appeler aujourd'hui *une femme du monde*, laquelle ignore tout, comme vous savez, politique, philosophie, beaux-arts, sciences, voyages. Comme la causerie est agréable et facile à conduire dans ces conditions-là !

Jeune fille, elle vous présente les deux types invariables de la *demoiselle*, telle qu'elle est instituée de tout temps : — la jeune momie silencieuse et immobile, incapable de donner le moindre signe de vie dans une conversation ; ou bien, la perpétuelle ricaneuse, agaçante et intarissable dans son babil et ses explosions de sotte gaieté.

Pour la femme mariée, ce sont à peu près de fondation les prix des denrées, les chiffons, les confitures, les récriminations contre les domestiques, les légumes de la campagne ou la dentition des enfants.

Pour la femme d'un âge mûr ou pour la vieille... Ah ! dispensez-nous de dérouler des tableaux encore plus affligeants d'insignifiance et de rabâchage !

XXIX

Mais aussi, qui est-ce qui a songé jamais à se rendre un compte exact de l'éducation de la femme et du rôle pratique qu'elle est appelée à jouer dans le monde nouveau ? Sait-on seulement quel parti on pourrait tirer de cette organisation encore si mystérieuse que l'on ignore et qui s'ignore complétement elle-même ?

En fait de culture féminine, les esprits les plus sensés en apparence, les plus relevés, en sont restés à la théorie du bonhomme Chrysale. Quand ils ont parlé du

> ... gros Plutarque à mettre les rabats,

ils sont enchantés, ils rient, se frottent les mains et se gardent bien de s'engager davantage dans la question.

Mais leur femme vieillira, et sa nullité ressortira comme toujours en raison des années et des rides?...

Qu'importe? Ils en seront quittes alors pour la délaisser, avec des égards, bien entendu, sans que les convenances extérieures soient blessées en rien.. Est-ce qu'ils n'ont pas toujours la ressource du cercle et de la liaison?

Puisqu'il est convenu que les femmes n'ont pas éternellement vingt ans, qu'il arrive un moment dans la vie où *elles deviennent hommes,* comme dit la Bruyère, est-ce qu'il ne serait pas juste, humain, de prévoir pour elles ce moment-là, de leur permettre de s'approvisionner d'avance, en vue de cette époque critique, d'idées, d'intelligence, de réflexions, d'études, de tout ce qui fait que l'homme n'en est pas réduit à se brûler la cervelle du jour où il s'aperçoit qu'il grisonne?

Mais non! on aime bien mieux entretenir la femme

dans une perpétuelle ignorance, toujours pour la commodité du despote.

On lui a fait consacrer la plus belle partie de sa jeunesse à tapoter sans fin sur un piano; voilà le plus clair de son fonds d'instruction morale. Quant à lui faire lire Montaigne, Pascal, Voltaire, Rousseau, Montesquieu et même, pourquoi pas? un bon choix de poëtes, de philosophes et d'historiens anciens, on s'en garderait bien! Ce serait la chose du monde la plus ridicule et la plus saugrenue!

Vous n'y songez pas! Et ce titre de *bas-bleu* que nous tenons sans cesse suspendu sur la tête de la femme pour lui interdire toute espèce ne lumières et de culture, pour la maintenir à tout jamais dans l'obscurantisme conjugal et patriarcal!

Quand on a prononcé ce mot de *bas-bleu*, on a tout dit : — Va, malheureuse femme! grâce à la loi étroite et gothique de l'ancienne existence que l'on continue à t'imposer, reste, dans toute ton arrière-saison, isolée, désœuvrée, victime des conventions d'un sexe dont tu n'as plus les bénéfices, sans amis, puisque la sottise du préjugé ne te permet d'avoir autour de toi que des complaisants et des courtisans, étrangère à tout, sans liens d'idées avec le reste du monde; dis toi-même si la condition qui t'est faite te paraît la perfection de ta destinée?

Ce rôle si délicieux d'idole, d'automate adorée que l'on a créé pour tes vingt ans, le vois-tu du même œil à présent que tu es dans ton arrière-saison? Ne trouves-tu pas qu'on te le fait payer bien cher cet encensement du prologue de ta vie?

Toute femme qui atteint quarante ans a besoin de trois fois plus d'instruction et d'esprit qu'aucun homme.

XXX

Or donc, quoi qu'en puissent dire les indifférents et les sceptiques, il y a aujourd'hui à constituer la femme réelle à la place de la femme exceptionnelle et aristocratique, la seule que nous ayons connue jusqu'à présent.

Si on veut embrasser la réforme tout entière, certes, ce n'est pas trop de toutes les lumières des hommes qui étudient et observent pour arriver à fixer enfin le sort matériel de la prolétaire et de la travailleuse, pour anéantir la prostitution, opérer la réforme des pensionnats, établir pour la femme un programme d'études qui ne soit plus uniquement dominé par la broderie, le piano et l'art de découper des fleurs en papier.

Est-ce une illusion, ou bien une espérance prématurée? Mais il nous semble, pour ce qui est des mœurs et des relations de la vie, que déjà nous la voyons poindre, cette femme nouvelle, qui est le produit des réflexions et des critiques venues depuis longtemps à tous les esprits sérieux.

Elle a ce grand avantage d'avoir rompu entièrement avec les fadeurs et les galanteries du bon vieux temps, qui n'a tant adulé et cajolé les femmes que pour en faire le jouet de ses caprices égoïstes et voluptueux.

Elle n'a nullement la prétention de rappeler *ces grandes dames* dont quelques archivistes littéraires et mondains se sont si fort entichés de nos jours ; elle a le bon sens de trouver les anciennes grandes dames presque constamment ridicules aujourd'hui ou tout au moins bien surannées.

Elle a le raisonnement, l'observation, la sensibilité vraie, l'art de s'intéresser, non pas seulement à elle-même et à tout ce qui la touche directement, mais aussi aux malheurs et aux tribulations d'autrui, ce qui ne l'empêche pas toutefois de rester femme.

Elle a atteint cet âge si douloureux pour tant d'autres et pour elle, tout naturel et prévu, où la femme abdique à la fois beauté, charmes, jeunesse. Elle ne s'en étonne ni ne s'en afflige. Il est vrai que la saine et judicieuse philosophie la protége. On l'a élevée de bonne heure à se mirer non pas dans son visage, mais dans son âme et ses pensées.

Elle se montre digne épouse, bonne mère, mais sans aucun étalage ; elle comprend que les sentiments de famille n'ont de prix qu'autant qu'on les garde pour soi et qu'on n'en excède pas les autres. Les affections de l'intérieur n'engendrent jamais chez elle l'indifférence sociale ni l'oubli du reste du monde.

Elle est en état de causer sur tout; elle a même des opinions politiques! Voilà qui vous confond et vous scandalise! Que voulez-vous? Elle ne croit pas que le devoir de la femme soit de rester complétement étrangère aux intérêts de son pays ni au sort de ses semblables.

Elle sait être gaie, affable, prête à accueillir toutes les idées et toutes les initiatives. Son intelligence la préserve à la fois du bégueulisme maussade et de l'abandon outré. Elle mêle à la causerie ce je ne sais quoi de doux et de pénétrant que n'auront jamais les hommes si aisément rogues, hargneux et pédantesques, une fois lancés dans la polémique de l'entretien.

Elle ne fuit pas la société des autres femmes; elle les attire, au contraire, elle les recherche; elle a trop d'esprit pour les redouter, et aussi trop de raison et de cœur pour céder à ce préjugé déplorable qui porte la plupart des femmes à se haïr et à se déchirer mutuellement pour complaire à l'autre sexe, ce qui est une des causes de leurs abaissements et de leurs malheurs.

Mais croiriez-vous que, grâce à l'entourage qu'elle a su se faire, des hommes jeunes encore et livrés jusqu'ici à toutes les séductions du monde équivoque, ont renoncé pour un soir ou deux à leurs soupers et à leurs mystères à prix fixe?

Serait-ce un commencement d'amendement, un premier pas vers de nouvelles mœurs, de nouvelles habitudes? Oh! ne préjugeons rien encore. Les femmes de coulisses et d'orgie ont tant d'attrait! Exiger que l'on rompe avec elles trop brusquement, ce serait risquer sans doute de tout compromettre!

Ne la cherchons donc pas précisément dans le milieu actuel, cette femme intelligente et vraie; elle n'existe pas, mais est-ce une raison pour croire qu'elle n'existera jamais et la considérer comme une utopie?

Interrogez à ce sujet votre conscience et votre raison; qu'elles vous disent s'il n'y a rien de mieux à établir que ce qui est actuellement pour la femme, c'est-à-dire l'ignorance incurable et l'égoïsme effréné dans la sphère du bien-être; le trafic ou la faim dans les régions inférieures.

Sans doute, la réforme de la femme ne saurait se faire en un jour; tant de préjugés, d'obstacles, et aussi de thèses chimériques s'y opposent! Est-ce une raison pour ne pas l'entreprendre? Comment désespérer? On n'a guère essayé sincèrement jusqu'ici; dans tous les cas, le genre humain doit se dire qu'il a déjà opéré dans le passé des réformes non moins importantes et difficiles que celle-là.

CONCLUSION

I

La conclusion du livre est de n'en pas avoir : ceci n'est pas un jeu de mots, comme on le pense bien ; c'est la conséquence du sujet lui-même.

L'expérience a prouvé bien des fois que lorsqu'on touche à des choses aussi délicates que les opinions, les passions, les idées, les mœurs, qui sont les points sensibles et vulnérables des sociétés, vouloir donner le remède quand on a essayé de signaler quelques-uns des maux, c'est presque toujours manquer le but.

Les temps modernes sont ainsi faits, que, bien qu'ils se plaignent sans cesse de toutes sortes de malaises et de souffrances, ils ne veulent jamais qu'on ait l'air de les guérir.

II

Vouloir demander trop de choses à la fois, surtout à une société aussi embrouillée, encombrée d'autant de malentendus que la nôtre, c'est s'exposer à ne rien obtenir du tout.

C'est ainsi que la plupart des socialistes, animés généralement de très-bonnes intentions, ont échoué dans leurs plans, parce qu'ils ont voulu faire *table rase*, comme ils ont dit, c'est-à-dire refaire l'organisation sociale d'un bout à l'autre.

Il est bien avéré maintenant que les temps modernes se réforment bien plutôt par le détail que par l'ensemble.

III

Et encore dans le détail, que de lenteurs, d'ajournements, de fins de non-recevoir, de fausses interprétations il faut subir, en se préparant d'avance à tout supporter avec calme et résignation !

C'est pourquoi, si ce livre contenait par hasard certaines vérités, elles devraient s'attendre à se voir, avant tout, rejetées, bafouées ou enterrées dans la plus profonde indifférence : c'est ainsi que les choses se passent aujourd'hui.

Mais qu'importe, si plus tard on y revient, si on reconnaît que l'auteur n'a eu, dans tous les cas, qu'un seul but, combattre certains préjugés, indiquer les contradictions perpétuelles et flagrantes qui existent entre nos doctrines et nos mœurs ; notre grand amour de liberté et d'innovation associé à tant de vieilles idées de servilisme et de routine ; tant de superstitions littéraires, artistiques, académiques, morales, qui pèsent sur nous sans cesse, toutes les conséquences naturelles, après tout, d'un état social encore très-neuf, très-inexpérimenté, surtout si on songe au temps que les monarchies et les aristocraties ont mis à se constituer et à périr !

IV

Rappelons qu'un de nos buts principaux a été, comme nous l'avons dit au commencement, de réagir contre ces découragements, ces dégoûts du présent, qui sont devenus à la fois une des monomanies et des dangers de notre âge.

Ce n'est jamais en maudissant son siècle qu'on arrive à le réformer. Il n'est pas une de nos infériorités sociales ou politiques dont nous ne puissions découvrir le secret, et dont nous n'ayons par conséquent le remède dans nos mains.

Il s'agit seulement d'entrer dans l'ère de la franchise

et de la vraiment libre pensée, qui ne consiste pas seulement, quoi qu'on puisse dire, à attaquer incessament les gouvernements par la plume et la discussion.

Le champ des lettres, de la morale, de l'histoire, de la philosophie, des sciences renouvelées et démocratisées par elles-mêmes, est large même en dehors de la polémique proprement dite, où s'absorbent si souvent entièrement les ambitieux officiels et les hommes d'État de profession et de naissance.

V

Quant à cette couche de matérialisme, d'industrialisme et d'agiotage qui pèse en ce moment sur nous, ne nous en effrayons pas trop. Sans doute, elle est dure à supporter, mais, si nous voulons bien l'analyser, nous reconnaîtrons qu'elle a peu de chances de s'agréger définitivement à nos mœurs.

Laissez s'achever la grande besogne industrielle et métallurgique (tôt ou tard, il faudra bien qu'elle s'achève); et vous remarquerez si les idées et les choses ne changent pas, si toutes ces fortunes gigantesques que nous voyons grossir sous nos yeux par des voies si rapides et si surprenantes n'arrivent pas à se diviser, à se répartir, comme ces grands fiefs du moyen âge, qui, à force de s'étendre demesurément, ont fini par se démembrer d'eux-mêmes.

VI

— Mais tout est achevé, conclu, disent parfois aussi certaines personnes, plus de guerres, de révolutions, de monuments publics à construire, de luttes politiques ou autres à poursuivre; que faire? L'humanité n'a donc plus qu'à se croiser les bras, à tomber dans un état de bien-être négatif et complétement atonique qui est peut-être la pire de toutes les situations pour l'homme, créature essentiellement animée et vivace?

Vaine prévision du sentiment aristocratique qui vous persuade que le lazzaronisme de quelques-uns pourrait jamais être l'état définitif du grand nombre!

Il n'y a plus rien à faire, dites-vous, rien à défricher ni à exploiter dans ce bas monde; regardez autour de vous, voyez ces bandes ténébreuses, incultes, qui s'étendent à perte de vue; elles s'appellent *le peuple*; croyez-vous qu'il n'y ait rien à faire de ce côté-là?

L'émancipation populaire, n'est-ce pas, de l'avis de tous, la vraie tâche du siècle, le nouveau monde qu'il lui faut découvrir à tout prix? Et comment, non pas seulement la moralité, mais l'imagination aussi ne s'exalte-t-elle pas à l'idée seule de la répartition universelle du bien-être, de l'esprit, des arts, des sciences, de tous ces bienfaits étendus à la masse tout entière et non plus à une minorité imperceptible, qui doit la plus grande partie de ses langueurs et de ses tristesses à sa séquestration du reste de l'humanité?

Enfin, aux découragés, aux gens qui ne cessent de répéter que tout est perdu, que le Bas-Empire est à nos portes, disons ceci pour finir :

« Prenez tous les siècles les uns après les autres; pesez-les impartialement dans la balance de la raison et de l'histoire, et cet examen fait, soyez sûrs que malgré toutes nos imperfections, nos inconséquences, nos lacunes, nos fautes passées, présentes et futures, c'est encore dans le dix-neuvième siècle que vous aimerez le mieux vivre. »

TABLE DES CHAPITRES

Chapitre   Iᵉʳ. Des Mœurs en général.   1
   —   II. La Religion.   15
   —   III. La Guerre.   27
   —   IV. Les Aristocraties.   58
   —   V. L'Aristocratie bourgeoise.   54
   —   VI. Le Parti démocratique   79
   —   VII. La Famille.   95
   —   VIII. La Littérature.   112
   —   IX. Les Théâtres.   142
   —   X. Les Journaux.   195
   —   XI. Les Académies.   227
   —   XII. Les Arts   242
   —   XIII. Les Pédantismes   261
   —   XIV. Les Femmes.   286
Conclusion.   535

PARIS. — TYP. SIMON RAÇON ET COMP., RUE D'ERFURTH, 1.

www.ingramcontent.com/pod-product-compliance
Ingram Content Group UK Ltd.
Pitfield, Milton Keynes, MK11 3LW, UK
UKHW022059120726
13694UKWH00001B/239